국어 실력으로 이어지는 수(秀) 한자

5-8급

국어 실력으로 이어지는 수(秀) 한자: 5-8급

발행일	2019년 7월 30일		
지은이	최동석		
펴낸이	손형국		
펴낸곳	(주)북랩		
편집인	선일영	편집	오경진, 강대건, 최승헌, 최예은, 김경무
디자인	이현수, 김민하, 한수희, 김윤주, 허지혜	제작	박기성, 황동현, 구성우, 장홍석
마케팅	김회란, 박진관, 조하라, 장은별		
출판등록	2004. 12. 1(제2012-000051호)		
주소	서울시 금천구 가산디지털 1로 168, 우림라이온스밸리 B동 B113, 114호		
홈페이지	www.book.co.kr		
전화번호	(02) 2026-5777	팩스	(02) 2026-5747

ISBN   979-11-6299-612-6 04710 (종이책)   979-11-6299-613-3 05710 (전자책)
        979-11-6299-611-9 04710 (세트)

이 도서의 국립중앙도서관 출판예정도서목록(CIP)은 서지정보유통지원시스템 홈페이지(http://seoji.nl.go.kr)와
국가자료공동목록시스템(http://www.nl.go.kr/kolisnet)에서 이용하실 수 있습니다.
(CIP제어번호: CIP2019029611)

(주)북랩 성공출판의 파트너

북랩 홈페이지와 패밀리 사이트에서 다양한 출판 솔루션을 만나 보세요!

홈페이지 book.co.kr   •   **블로그** blog.naver.com/essaybook   •   **원고모집** book@book.co.kr

국어 실력으로
이어지는

秀수 한자

최동석 지음

5-8급

북랩 book Lab

머리말

한자는 비단 한문을 잘 이해하기 위해서 익혀야 하는 글자가 아니다. 국어 어휘의 상당수가 한자어로 되어있는 현실을 직시한다면, 국어를 바르게 사용하기 위한 필수 과정이 한자를 익히는 과정이라 할 수 있다.

'약의 부작용'이라고 할 때 한글로만 적으면 정확한 의미가 와닿지 않아 '약의 잘못된 작용'으로 이해하기 쉽다. 하지만 '藥의 副作用'이라고 쓰면 '副(부)'자가 버금, 딸림의 의미로 금방 와닿아 약의 主作用(주작용) 외에 여러 부수적인 작용이라고 정확히 파악할 수 있다. 비아그라가 원래는 고혈압 치료제로 개발되었으나 副作用으로 발기부전치료제로 쓰이듯이 말이다.

또한 한자의 정확한 이해는 국어 생활을 더욱 풍부하게 해준다. 소식이라고 쓰면 단순히 적게 먹는 것으로 이해하기 쉬우나, 한자로 素食(소식)이라고 쓰면, '간소하게 먹는다'는 뜻으로도 쓸 수 있다. 이와 같이 한자의 사용은 국어 어휘 구사력을 높여 주어, 결국 국어에 대한 전반적인 능력을 업그레이드시킬 수 있게 해준다.

한국 사람이 사전 없이 책을 읽을 수 있는 것은 한자에 힘입은 바가 크다. 부자라는 단어만 알아도 부국, 부강, 부유 등의 어휘도 그 뜻을 유추할 수 있다. 전제 조건은 '富'가 '부유하다'는 의미라는 것을 알고 있느냐는 것이다. 그런데 만일 '부'의 의미를 정확히 모르면 그외의 단어들도 그 의미를 잘못 파악하기 쉽다.

그렇다면 어떻게 한자를 익혀야 하는가?

한자는 부수 요소와 부수 외 요소가 있고, 부수별로 분류하여 외우는 것이 단순히 가나다의 순서로 외우는 것보다 훨씬 체계적이고 이해도 빠르다. 또한 한자만의 독특한 제자원리가 있으니 象形(상형), 指事(지사), 會意(회의), 形聲(형성), 假借(가차), 轉注(전주)가 바로 그것이다.

1. 象形(상형)
사물의 모양[形(형)]을 있는 그대로 본떠서 한자를 만드는 방법이다.
예: 土(토), 山(산) 등

2. 指事(지사)
숫자나 위치, 동작 등과 같의 구체적인 모양이 없는 것을 그림이나 부호 등을 이용해 구체화시켜 한자를 만드는 방법이다.
예: 上(상), 下(하)

3. 會意(회의)
이미 만들어진 글자들에서 뜻과 뜻을 합해 새로운 뜻의 글자를 만드는 방법이다.
예: 男(남) = 田(전) + 力(력) → '男子(남자)는 밭[田]에서 힘[力]을 써서 일하는 사람'이라는 뜻이다.

4. 形聲(형성)

새로운 뜻의 글자를 만들기 위해서 이미 만들어진 글자를 이용하는 방법이다. 회의가 뜻과 뜻을 합하여 새로운 글자를 만들어 내는 방법임에 비해, 형성은 한 글자에서는 소리를 따오고 다른 글자에서는 모양을 따다가 그 모양에서 뜻을 찾아 새로운 뜻의 글자를 만드는 방법이다.

예: 江(강) : 氵[물] + 工(공)

河(하) : 氵[물] + 可(가)

5. 假借(가차)

이미 만들어진 한자에 모양이나 소리나 뜻을 빌려 새로 찾아낸 뜻을 대입해서 사용하는 방법이다.

예: 弗 1) 아니다, 2) 달러

佛 1) 어그러지다, 2) 부처

6. 轉注(전주)

모양이 다르고 뜻이 같은 두 개 이상의 글자가 서로 자음이 같거나, 모음이 같거나 혹은 자음과 모음이 같은 관계 때문에 그 글자들 사이에 아무런 구별 없이 서로 섞어 사용하는 방법을 말한다.

예: 老(로), 考(고)

본 교재는 위의 원리에 입각해서 저술되었다. 다만 한 글자의 제자원리에 대한 설이 여럿인 경우가 있다. 이런 경우 기억을 위해 편리한 설을 따랐다. 또한 너무 깊이 들어가서 '한자학습서'가 아닌 '한자연구서'가 되지 않도록 어려운 내용은 과감히 생략하였다.

국어 실력으로 이어지는 수(秀) 한자: 5-8급

현재 시중에 한자 학습서로 나와 있는 교재 중에 한자를 상세히 풀이하여 놓은 책이 많이 있다. 하지만 대다수가 자의적인 해설을 달아놓은 것이다.

본 교재는 정직하게 쓰려고 하였다. 아는 만큼 연구한 만큼만 쓰려고 하였고, 그럼에도 불구하고 역량의 부족함을 느낀 적도 많았음을 고백한다. 하지만 이제 정직한 한자 교재가 하나쯤 있어야 한다는 당위성에 위로를 받으며 집필을 마치고자 한다.

끝으로 각종 한자 시험에 응시하려는 이들은, 각 시험의 특징, 선정 한자의 出入(출입) 등을 파악하고 대비하기 위해서 본 교재를 학습한 후 반드시 문제집을 풀어 볼 것을 당부드린다.

2019년 7월

根巖 崔東石

목차

숫자와 필획 관련 부수

필순의 원칙

1. 왼쪽부터 오른쪽으로 쓴다.
   예 外(외)   ノ ク タ 外 外

2. 위에서 아래로 쓴다.
   예 客(객)   ` ` 宀 宀 宓 宊 客 客

3. 가로획과 세로획이 교차될 때는 가로획을 먼저 쓴다.
   예 木(목)   一 十 才 木

4. 좌·우 대칭을 이루는 글자는 가운데를 먼저 쓰고 좌·우의 순서로 쓴다.
   예 水(수)   亅 刁 水 水

5. 몸과 안으로 된 글자는 몸부터 쓴다.
   예 內(내)   丨 冂 內 內

6. 가운데를 꿰뚫는 획은 맨 나중에 쓴다.
   예 手(수)   亅 刁 水 水

7. 허리를 끊는 획은 맨 나중에 쓴다.
   예 母(모)   乚 母 母 母 母

8. 삐침(ノ)과 파임(乀)이 만날 때는 삐침을 먼저 쓴다.
   예 父(부)   ノ 八 ク 父

9. 오른쪽 위의 점은 맨 나중에 찍는다.
   예 成(성)   丿 厂 厂 万 成 成 成

10. 받침으로 쓰이는 글자는 다음 두 가지로 구분한다.
    * 달릴 주(走)나 면할 면(免)은 먼저 쓴다.
      예 起(기)   一 十 土 キ キ 走 走 起 起 起

    * 뛸 착, 갈 착(辶)이나 길게 걸을 인(廴)은 맨 나중에 쓴다.
      예 道(도)   丷 丷 丷 产 首 首 首 首 渞 渞 渞 道

제1장
동물 관련 부수

牛
소 우

소의 뿔과 머리의 모양을 본뜬 글자

牛 소우	物 만물 물

한자자격시험 5~8급

牛 | 우
소
획수: **4** 부수: **牛**
牛(우)

>>> 상형문자

牛刀割鷄 우도할계

소 잡는 칼로 닭을 잡음. '큰 일을 하는 데 쓸
재능을 작은 일에 씀'의 비유

牛耳讀經 우이독경

쇠귀에 경 읽기. '아무리 가르치고 일러 주어
도 알아듣지 못함'의 뜻

九牛一毛 구우일모

아홉 마리 소 가운데 박힌 하나의 털. '썩 많
은 가운데 섞인 아주 적은 것'의 비유

牛步 우보

소의 걸음. '느린 걸음, 또는 일의 진도가 느림'
의 뜻

牛乳 우유

암소의 젖

鬪牛 투우

❶ 소싸움
❷ 사람이 사나운 소와 겨루는 경기

物 | 물

만물

획수: **8** 부수: **牛**

牛(우) + 勿(물)

>>> 형성문자

物我一體 물아일체

자연물과 自我(자아)가 하나된 상태. 대상물에 완전히 沒入(몰입)된 경지

物色 물색

❶ 물건의 빛깔
❷ 어떤 기준에 맞는 사람이나 물건을 고름

物情 물정

세상의 사물이나 인심

物證 물증

증거가 되는 물질적 존재나 상태

物品 물품

쓸모 있는 물건이나 제품

事物 사물

일이나 물건

 개 **견**

 개사슴록변

개의 옆모습을 본뜬 글자

犬 개 견

犬 개 견

한자자격시험 5~8급

犬 ｜ 견
개
획수: **4** 부수: **犬**

犬(견)

>>> 상형문자

犬馬之勞 견마지로

개나 말 정도의 하찮은 힘. '임금이나 나라를 위하여 애쓰는 자기의 노력'의 겸칭

犬猿之間 견원지간

개와 원숭이의 사이. '매우 나쁜 관계'의 비유

忠犬 충견

주인에게 충실한 개

鬪犬 투견

개를 싸움 붙임

003

羊 양 **양**

양의 머리를 본뜬 글자

羊 양양　　　美 아름다울 **미**

한자자격시험 5~8급

羊 ｜ 양

양

획수: **6**　부수: **羊**

羊(양)

>>> 상형문자

羊頭狗肉 양두구육

양의 머리를 내걸어 놓고 개고기를 팖. '선전과 내용이 일치하지 않음'의 비유

羊皮紙 양피지

양의 가죽으로 만든 書寫(서사) 재료

牧羊 목양

양을 치거나 놓아기름

19

美 | 미

아름다울

획수: **9** 부수: **羊**

羊(양) + 大[큰]

>>> 회의문자

美觀 미관

아름다운 경치

美談 미담

아름다운 이야기

美辭麗句 미사여구

아름답게 꾸민 말과 글

美風 미풍

아름다운 풍속

美化 미화

아름답게 꾸미는 일

讚美 찬미

아름다운 덕을 기림

007

貝

조개 **패**

조개모양을 본뜬 글자

貝 조개 **패**

한자자격시험 5~8급

貝 | 패

조개

획수: **7** 부수: **貝**

貝(패)

>>> 상형문자

貝物 패물

珊瑚(산호), 琥珀(호박), 水晶(수정), 玳瑁(대모) 따위로 만든 장신구의 총칭

貝塚 패총

고대인이 조개를 까먹고 버린 조가비가 무덤처럼 쌓여 있는 것, 조개무지

009

馬
말 **마**

말의 머리, 갈기, 꼬리, 네 다리를 그린 글자

馬 말마

한자자격시험 5~8급

馬 | 마
말
획수: **10** 부수: **馬**

馬(마)

>>> 상형문자

馬廐間 마구간

말을 기르는 집

馬耳東風 마이동풍

말 귀에 봄바람. '남의 말을 귀담아듣지 않고 흘려 버림'의 비유

馬牌 마패

조선 시대에, 지방에 출장 가는 관리에게 驛馬 (역마)를 징발할 수 있는 표로 주던 패

騎馬 기마

말을 탐, 또는 타는 말

駿馬 준마

잘 달리는 좋은 말

010

魚
물고기 **어**

물고기를 표현한 글자

魚 물고기 **어**

한자자격시험 5~8급

魚 | 어
물고기
획수: **11** 부수: **魚**
魚(어)

>>> 상형문자

魚頭肉尾 어두육미

'생선은 대가리 쪽이, 짐승의 고기는 꼬리 쪽이 맛이 좋음'을 이름. 魚頭鳳尾(어두봉미)

魚雷 어뢰

자동 장치로 물속을 전진하여 적의 함대를 공격하는 폭탄

魚網 어망

물고기를 잡는 그물

水魚之交 수어지교

물과 물고기의 사귐. '매우 친밀하여 떨어질 수 없는 사이'의 비유

稚魚 치어

새끼 물고기

돼지해머리

| 京 서울 경 | 交 사귈 교 |

한자자격시험 5~8급

京 | 경

서울

획수: **8** 부수: ㅗ

언덕 위에 집이 서 있
는 것을 본뜸

>>> 상형문자

京城 경성

임금이 있는 곳, 서울. 京師(경사)

歸京 귀경

서울로 돌아옴

上京 상경

시골에서 서울로 올라옴

交 | 교

사귈

획수: **6** 부수: 亠

사람의 종아리가 교차
되어 있는 모양

>>> 상형문자

交流 교류

❶ 서로 뒤섞여 흐름

❷ 문화, 경제, 경험 등을 서로 소개하거나 교
  환함

交易 교역

주로, 나라들 사이에서 물건을 팔고 사고하여
서로 바꿈

交際 교제

서로 사귐

交換 교환

서로 바꿈

修交 수교

나라와 나라 사이에 교제를 맺음

絶交 절교

서로 교제를 끊음

터럭 **삼**

털이 옆으로 뉘어있는 모양을 본뜬 글자

形 형상 형

形 | 형
형상
획수: **7** 부수: **彡**

彡 + 幵(견) : (→幵의
전음이 음을 나타냄)

>>> 형성문자

形象 형상

생긴 모양

形色 형색

❶ 형상과 빛깔
❷ 얼굴 모양과 표정

形勢 형세

일의 형편이나 상태

形容 형용

❶ 생긴 모양
❷ 사물의 어떠함을 말, 글, 몸짓 등을 통하여
나타냄

形體 형체

물건의 모양과 바탕

形便 형편

일이 되어 가는 모양

外形 외형

겉으로 보이는 형상

地形 지형

땅의 생김새

020

뼈 앙상할 **알**

死 죽을 사

한자자격시험 5~8급

死 | 사

죽을

획수: **6** 부수: **歹**

歹 + 匕[사람을 거꾸로 한 모양]

>>> 회의문자

死境 사경

죽게 된 지경

死守 사수

목숨을 걸고 지킴

死鬪 사투

죽을힘을 다하여 싸움

決死 결사

죽기를 각오함

凍死 동사

얼어 죽음

致死 치사

죽음에 이르게 함

021

터럭 모

머리털을 본뜬 글자

毛 털모

毛 | 모

털

획수: **4** 부수: **毛**

毛(모)

>>> 상형문자

毛髮 모발

❶ 사람의 머리털
❷ 사람 몸에 있는 '터럭'의 총칭

毛細管 모세관

동맥과 정맥을 이으며 조직 속에 퍼져 있는 가는 혈관

毛織 모직

짐승의 털로 짠 피륙

毛皮 모피

털가죽

不毛 불모

땅이 메말라서 식물이 자라지 아니함

脫毛 탈모

털이 빠짐

023

羽 깃 우

새의 날개의 모양을 본뜬 글자

習 익힐 **습**

한자자격시험 5~8급

習 | 습

익힐

획수: **11** 부수: **羽**

羽 + 白(백) : (→새가 날갯짓을 하면서 보이는 흰털. 어떤 일을 익히기 위해 반복하듯 모습을 새의 날갯짓에 비유한 글자)

>>> 회의문자

習慣 습관

버릇

習性 습성

버릇

習作 습작

연습으로 작품을 만듦, 또는 그 작품

惡習 악습

나쁜 버릇

豫習 예습

미리 학습함

因習 인습

이전부터 전해 내려와 몸에 익은 관습

024

肉 고기 **육**   月 육달월

베어낸 한 점의 고기 덩이를 본뜬 글자

肉 고기육   育 기를육

肉 │ 육
고기
획수: **6** 부수: **肉**

肉(육)

>>> 상형문자

肉聲 육성

기계를 통하지 않고 직접 들리는 사람의 목소리

肉體 육체

사람의 몸. 肉身(육신)

肉親 육친

혈족 관계에 있는 사람. '부모, 형제, 자매' 따위

果肉 과육

❶ 과실의 살
❷ 과실과 고기

血肉 혈육

❶ 피와 살
❷ 자기 소생의 자녀
❸ 부모와 자식, 형제자매 등의 가까운 혈족
  骨肉(골육)

育 | 육

기를

획수: **8** 부수: **肉**

月 + 厶 (→子의 거꾸
로 된 모양)

>>> 회의문자

育成 육성

길러서 키움. 길러서 이루어지도록 함, 養成(양성)

育兒 육아

어린아이를 기름

發育 발육

자라남

飼育 사육

짐승 따위를 먹여 기름

養育 양육

길러 자라게 함

025

虍

범의 문채 **호**

號 부르짖을 **호**, 부를 **호**

한자자격시험 5~8급

號 | 호

부르짖을, 부를

획수: **13** 부수: **虍**

虍 + 号(호)

>>> 형성문자

號令 호령

❶ 지휘하는 명령

❷ 큰 소리로 꾸짖음

記號 기호

어떤 뜻을 나타내기 위한 문자나 부호

番號 번호

차례를 나타내는 수

符號 부호

일정한 뜻을 나타내기 위하여 정한 기호

雅號 아호

예술가, 학자들의 본명 외에 따로 가지는 이름

稱號 칭호

명예나 지위 따위를 나타내는 이름

030

風 바람 풍

風 바람 풍

風 | 풍

바람

획수: **9**   부수: **風**

虫 + 凡(범) : (→凡의
전음이 음을 나타냄)

>>> 형성문자

風霜 풍상

바람과 서리. 세월. '세상의 모진 고난이나 고
통'의 비유

風俗 풍속

전통적으로 지켜져 온 생활상의 사회적 관습

風前燈火 풍전등화

바람 앞의 등불. '매우 위급한 처지'의 비유

風塵 풍진

❶ 바람과 먼지   ❷ 인간 세상, 속세
❸ 난리, 兵亂(병란)

風餐露宿 풍찬노숙

바람을 맞으며 먹고 이슬을 맞으며 잠. '모진
고생'의 비유

風波 풍파

❶ 바람과 물결   ❷ 속세의 괴로운 일

032

骨 뼈 골

體 몸 체

體 | 체

몸

획수: **23** 부수: **骨**

骨 + 豊(례) : (→豊의
전음이 음을 나타냄)

>>> 형성문자

體格 체격

몸의 생김새

體系 체계

낱낱의 것을 통괄하여 정연하게 짜 이룬 계통

體得 체득

몸소 경험하여 알아냄

體質 체질

❶ 몸의 생긴 바탕
❷ 단체, 조직의 성질

肉體 육체

사람의 몸. 肉身(육신)

形體 형체

사물의 모양과 바탕

제2장
식물 관련 부수

木 나무 목

나무 모양을 본뜸

果 과실 과	校 학교 교	根 뿌리 근	東 동녘 동
樂 즐길 락, 풍류 악, 좋아할 요		李 오얏 리	林 수풀 림
末 끝 말	木 나무 목	朴 순박할 박	本 근본 본
樹 나무 수, 심을 수	植 심을 식	業 업 업	村 마을 촌

한자자격시험 5~8급

果 | 과
과실
획수: 8 부수: 木

나무 위에 열매가 열린
모양을 본 뜸

>>> 상형문자

果敢 과감

과단성 있고 용감함

果樹 과수

과실나무. 果木(과목)

果實 과실

나무의 열매

結果 결과

❶ 열매를 맺음
❷ 어떤 원인으로 생긴 결말의 상태

效果 효과

보람 있는 결과

한자자격시험 5~8급

校 | 교
학교

획수: **10** 부수: **木**

木 + 交(교)

>>> 형성문자

校歌 교가

그 학교의 기풍을 발양하기 위해 제정하여 부르는 노래

校舍 교사

학교 건물

校閱 교열

문서, 책의 잘못된 곳을 살피어 교정하고 검열함

校則 교칙

학교의 규칙

學校 학교

설비를 갖추고 학생을 모아 교육을 하는 기관

休校 휴교

학교에서 수업과 업무를 한동안 쉼

한자자격시험 5~8급

根 | 근
뿌리

획수: **10** 부수: **木**

木 + 艮 : (→艮의 전음이 음을 나타냄)

>>> 형성문자

根幹 근간

❶ 뿌리와 줄기
❷ 사물의 뼈대나 바탕

根本 근본

❶ 초목의 뿌리
❷ 사물의 본바탕

根性 근성

❶ 타고난 성질

❷ 어떤 일을 끝까지 해내려는 끈질긴 성질

根源 근원

일의 밑바탕

根絶 근절

뿌리째 없애 버림

禍根 화근

화를 일으키는 근원

東 | 동
동녘
획수: **8** 부수: **木**

木 + 日[해] : (→해가 나무 중간까지 돋았음을 나타내 동쪽을 뜻함)

>>> 회의문자

東國 동국

'우리나라'의 異稱(이칭). 海東(해동). 중국의 동쪽에 있는 나라라는 데서 온 말

東問西答 동문서답

동쪽을 묻는데 서쪽을 대답함. '물음에 대한 엉뚱한 대답'을 이름

東奔西走 동분서주

동쪽으로 달리고 서쪽으로 뜀. '여기저기 바쁘게 돌아다님'을 이름

東西古今 동서고금

동양과 서양, 옛날과 지금. 모든 시대 모든 곳

東夷 동이

동쪽 오랑캐. 지난날 중국에서 그들의 동쪽에 살던 이민족을 얕잡아 이르던 말

極東 극동

❶ 동쪽의 맨 끝
❷ 아시아 대륙의 동쪽에 위치한 지역. 우리나라, 중국, 일본을 이름

한자자격시험 5~8급

樂 | 락, 악, 요

즐길, 풍류, 좋아할
획수: **15** 부수: **木**

크고 작은 북이 받침 위에 놓여 있는 모양

>>> 상형문자

樂觀 낙관

❶ 일이 잘될 것으로 생각함
❷ 인생이나 세상 형편을 즐겁고 희망적인 것으로 봄

樂園 낙원

자유와 행복을 누릴 수 있는, 즐겁고 살기 좋은 곳

樂器 악기

음악을 연주하는 기구의 총칭

樂譜 악보

음악의 곡조를 기호로 나타낸 것

樂山樂水 요산요수

산을 좋아하고 물을 좋아함. 山水(산수)를 좋아함

享樂 향락

즐거움을 누림

한자자격시험 5~8급

李 | 리
오얏
획수: **7**   부수: **木**

木 + 子(자) : (→子의 전음이 음을 나타냄)

>>> 형성문자

李下不整冠 이하부정관

자두나무 아래에서 갓을 고쳐 쓰지 마라. '남에게 의심받 을 일은 하지 마라'는 뜻

林野 임야

나무가 늘어서 있는 넓은 땅. 산림 지대

林業 임업

삼림을 경영하는 사업

密林 밀림

큰 나무들이 빽빽하게 늘어선 수풀

한자자격시험 5~8급

林 | 림
수풀
획수: **8**   부수: **木**

木을 둘 겹쳐 나무가 많이 있음을 뜻함

>>> 회의문자

山林 산림

❶ 산에 있는 숲
❷ 도회지에서 멀리 떨어진 山野(산야)

森林 삼림

나무가 많이 우거진 곳

儒林 유림

유학을 공부하는 학자들의 사회. 士林(사림)

末 | 말

끝

획수: **5** 부수: **木**

木의 위쪽 끝에 '一'을
그어 '끝'을 표시함

>>> 지사문자

末期 말기

어떤 시대나 기간의 끝장이 되는 시기. 末葉
(말엽)

末端 말단

맨 끄트머리

末路 말로

번영했던 것이 쇠퇴할 대로 쇠퇴한 마지막
상태

末尾 말미

문장 따위의 맨 끝

末世 말세

정치나 道義(도의) 따위가 어지러워지고 쇠퇴
하여 가는 세상. 季世(계세)

木 | 목

나무

획수: **4** 부수: **木**

나무 모양을 본뜸

>>> 상형문자

木刻 목각

나무에 새김

木器 목기

나무로 만든 그릇

木石 목석

나무와 돌. '무뚝뚝한 사람'의 비유

木材 목재

나무로 된 재료

木造 목조

나무로 지음

苗木 묘목

모종할 어린 나무

朴 ┃ 박

순박할

획수: **6** 부수: **木**

木 + 卜(복) : (→卜의
전음이 음을 나타냄)

>>> 형성문자

素朴 소박

꾸밈이나 거짓이 없이 있는 그대로임

淳朴 순박

꾸밈이 없고 소박함

質朴 질박

꾸밈없이 수수함

本 ┃ 본

근본

획수: **5** 부수: **木**

木을 바탕으로 '一'을
그어 '뿌리'를 표시함

>>> 지사문자

本能 본능

타고난 성능 또는 능력

本分 본분

❶ 자기에게 알맞은 분수
❷ 마땅히 행해야 할 직분

本業 본업

주가 되는 직업

本質 본질

근본적인 성질이나 요소

根本 근본

❶ 초목의 뿌리
❷ 사물이 발생하는 근원

樹林 수림

나무가 우거진 숲

樹立 수립

이룩하여 세움

樹木 수목

❶ 나무를 심음
❷ 나무

果樹 과수

과실나무

樹 | 수

나무, 심을

획수: **16** 부수: **木**

木 + 尌(주) : (→尌의 전음이 음을 나타냄)

>>> 형성문자

植 | 식

심을

획수: **12** 부수: **木**

木 + 直(직) : (→直의
전음이 음을 나타냄)

>>> 형성문자

植物 식물

生物界(생물계)를 둘로 분류한 것의 하나. '草木
(초목), 菌類(균류), 藻類(조류)'따위

植民 식민

강대국이 종속 관계에 있는 나라에 自國民(자
국민)을 이주시키는 일

植樹 식수

나무를 심음. 植木(식목). 種樹(종수)

移植 이식

옮겨 심음

業 | 업

업

획수: **13** 부수: **木**

종과 북 등 악기를 매단
널빤지를 그린 것

>>> 상형문자

業務 업무

맡아서 하는 일

業績 업적

사업이나 연구 따위에서 이룩해 놓은 성과

企業 기업

영리를 목적으로 사업을 경영하는 조직체

事業 사업

생산. 영리를 목적으로 하는 경제 활동

職業 직업

생계를 위하여 일상적으로 하는 일

學業 학업

학문을 닦는 일

村落 촌락

시골 마을. 部落(부락)

村長 촌장

지난날, 마을 일을 두루 맡아보던 마을의 어른

農村 농촌

농업을 생업으로 삼는 지역이나 마음

僻村 벽촌

외진 곳에 있는 마을

한자자격시험 5~8급

村 | 촌

마을

획수: **7** 부수: **木**

木 + 寸(촌)

>>> 형성문자

035 禾 벼 **화**

科 과정 과   秋 가을 추

한자자격시험 5~8급

科 | 과

과정

획수: **9**   부수: **禾**

禾 + 斗(두) [→말: 곡식의 양을 잴 때 쓰였던 용기]

>>> 회의문자

科擧 과거

지난날, 벼슬아치를 뽑기 위하여 보이던 시험

科目 과목

학과나 교과를 구성하는 단위

教科 교과

가르치는 과목

金科玉條 금과옥조

금옥 같은 법률. '꼭 지켜야 할 규칙, 교훈'을 이름

登科 등과

과거에 급제함

국어 실력으로 이어지는 수(秀) 한자: 5-8급

秋 | 추

가을

획수: **9** 부수: **禾**

禾+火(龝(초)의 생략형)
(→火의 전음이 음을 나
타냄) 벼가 익었다는 뜻

>>> 형성문자

秋收 추수

가을걷이

秋風落葉 추풍낙엽

가을바람에 떨어지는 나뭇잎. '세력이나 형세
가 갑자기 기울거나시듦'을 이름

秋毫 추호

가을철에 털갈이한 짐승의 가는 털. '매우 작
음'의 비유

晚秋 만추

늦가을

立秋 입추

이십사절기의 하나. 大暑(대서)와 處暑(처서) 사
이로, 8월 8일경

存亡之秋 존망지추

국가의 존립과 멸망이 달린 중요한 시기

竹 대죽

⺮ 대죽머리

대나무의 줄기와 잎을 그린 글자

答 대답할 답   等 무리 등   第 차례 제   竹 대 죽

한자자격시험 5~8급

答 | 답
대답할
획수: **12** 부수: **竹**

竹 + 合(합) : (→合의
전음이 음을 나타냄)

>>> 형성문자

答禮 답례

남에게 받은 禮(예)를 도로 갚는 일

答案 답안

해답을 쓴 글

答狀 답장

회답하여 보내는 편지

問答 문답

물음과 대답

報答 보답

입은 惠澤(혜택)이나 恩惠(은혜)를 갚음

回答 회답

물음에 대하여 대답함, 또는 그 대답

等 | 등

무리

획수: **12** 부수: **竹**

竹 + 寺[관청]

>>> 회의문자

等分 등분

똑같이 나눔

等身 등신

사람의 키와 같은 크기

降等 강등

등급이나 계급이 내려감

均等 균등

차별 없이 고름

越等 월등

다른 것보다 훨씬 나음

第 | 제

차례

획수: **11** 부수: **竹**

竹 + 弟(제)

>>> 형성문자

第三者 제삼자

직접적으로 관계하지 않는 자. 당사자 이외의 사람

第一 제일

첫째. 으뜸

及第 급제

科擧(과거)에 합격함. 登第(등제)

竹 | 죽

대

획수: 6 부수: **竹**

대나무의 줄기와 잎을
그린 것

>>> 상형문자

竹簡 죽간

지난날, 종이가 없을 때 글자를 적던 대쪽

竹林七賢 죽림칠현

晉(진)나라 초기에 속세를 떠나 죽림에서 지낸
일곱 사람

竹馬故友 죽마고우

대말을 타고 놀던 옛 친구. '어릴 때부터 같이
놀며 자란 친구'를 이름

竹帛 죽백

'책', 특히 '史書(사서)'를 이름. 지난날, 종이가 없
던 시절에 대쪽이나 布帛(포백)에 글을 기록한
데서 온 말

竹筍 죽순

대나무 어리고 연한 싹

竹杖 죽장

대로 만든 지팡이

038

풀 **초**

초두

苦 괴로울 고 　　 萬 일만 만 　　 藥 약 약
英 꽃 영 　　　 草 풀 초 　　　 花 꽃 화

한자자격시험 5~8급

苦 | 고

괴로울

획수: **9**　부수: ⧻

⧻ + 古(고)

>>> 형성문자

苦難 고난

괴로움과 어려움. 苦楚(고초)

苦杯 고배

쓴 술잔. '패배나 실패'의 비유

苦心 고심

애를 씀

苦盡甘來 고진감래

쓴 것이 다하면 단 것이 옴. '고생이 끝나면 즐거움이 옴'의 뜻

苦痛 고통

괴로움과 아픔

勞苦 노고

심신을 괴롭히며 애쓰는 일. 수고하는 일

한자자격시험 5~8급

萬 | 만

일만

획수: **13** 부수: ⁺⁺

전갈의 상형문자. 음을 차용하여 수(數)의 이름으로 쓰임

>>> 상형문자

萬感 만감

여러 가지 복잡한 감정

萬古 만고

❶ 아주 오랜 옛적
❷ 한없이 오랜 세월

萬能 만능

온갖 일에 두루 능통함

萬邦 만방

세계의 모든 나라

萬事 만사

모든 일

萬壽無疆 만수무강

수명이 끝이 없음. 오래 살기를 비는 말

藥 | 약

약

획수: **19** 부수: ⺾

⺾ + 樂 : (→樂의 전음이 음을 나타냄)

>>> 형성문자

藥局 약국

약을 파는 곳

藥材 약재

약을 짓는 재료

藥效 약효

약의 效驗(효험)

劇藥 극약

잘못 사용하면 생명이 위험한 약품

靈藥 영약

신비스러운 약

投藥 투약

약을 投與(투여)함

英 | 영

꽃

획수: **19** 부수: ⺾

⺾ + 央(앙) : (→央의 전음이 음을 나타냄)

>>> 형성문자

英靈 영령

❶ 훌륭한 사람의 영혼
❷ 戰死者(전사자)의 영혼

英雄 영웅

재능과 지혜가 비범하여 세상을 經綸(경륜)할 만한 사람

英才 영재

뛰어난 재주, 또는 그런 재주를 가진 사람
秀才(수재)

英特 영특

특별히 뛰어남

育英 육영

인재를 가르쳐 기름

草 | 초

풀

획수: **10** 부수: ⾋

⾋ + 早(조) : (→早의
전음이 음을 나타냄)

>>> 형성문자

草家 초가

볏짚, 밀집 등으로 지붕을 인 집
草廬(초려), 草屋(초옥)

草芥 초개

풀과 먼지. '아무 소용이 없거나 하찮은 것'의
비유

草稿 초고

문장이나 시 따위의 맨 처음 쓴 원고

草案 초안

❶ 案件(안건)을 기초함
❷ 문장이나 시 따위를 초 잡음

起草 기조

글의 草案(초안)을 씀

伐草 벌초

무덤의 잡풀을 베어 냄

花 | 화

꽃

획수: **8** 부수: ⧾⧾

⧾⧾ + 化(화)

>>> 형성문자

花壇 화단

꽃밭

花無十日紅 화무십일홍

열흘 붉은 꽃은 없음. '한 번 성하면 반드시 쇠하게 됨'의 비유

花盆 화분

꽃을 심어 가꾸는 분

花燭 화촉

❶ 아름다운 초
❷ '혼인'을 이름. 華燭(화촉)
　결혼식 때 촛불을 밝히는 데서 온 말

開花 개화

꽃이 핌

生花 생화

살아 있는 초목에서 꺾은 꽃

043

乙 새 을

九 아홉 구

九 丨 구
아홉
획수: **2** 부수: **乙**

丿와 굽은 선으로 한자
리 숫자의 최대수를 나
타냄

>>> 지사문자

九死一生 구사일생

여러 차례 죽을 고비를 넘어서 겨우 살아남

九牛一毛 구우일모

많은 소 가운데 하나의 털. '썩 많은 것 가운
데 섞인 아주 적은 것'의 비유

九泉 구천

❶ 저승. 黃泉(황천)
❷ 깊은 땅속

氏 성씨 **씨**

民 백성 민

한자자격시험 5~8급

民 | 민

백성

획수: **5** 부수: **氏**

한쪽 눈을 바늘로 찌른 형상을 본떠, 노예, 피지배 민족을 뜻함. 파생되어 '백성'의 뜻을 나타냄

>>> 상형문자

民間 민간

일반 서민의 사회. '官(관)이나 군대에 속하지 않음'을 나타냄

民譚 민담

민간에서 전해 오는 說話(설화)

民心 민심

백성들의 마음. 民情(민정)

民衆 민중

다수의 일반 국민

僑民 교민

외국에 살고 있는 겨레. 僑胞(교포)

庶民 서민

❶ 일반 국민
❷ 귀족, 상류층이 아닌 보통 사람
　 白民(백민). 凡民(범민)

048

푸를 청

땅위로 싹이 움터나는 풀과 우물이 서로 어우러진 모습을 표현한 글자

靑 푸를 청

靑 푸를 청

한자자격시험 5~8급

靑 | 청
푸를
획수: **8** 부수: **靑**

生[날 생] + 井[우물 정]
(→우물 주변에 돋아난
풀을 뜻함)

>>> 회의문자

靑年 청년

젊은 사람. 젊은이

靑山流水 청산유수

❶ 푸른 산과 흐르는 물
❷ '말을 막힘없이 잘함'을 이름

靑雲 청운

❶ 푸른 구름
❷ '높은 명예나 벼슬', 또는 '立身出世(입신출세)'
　를 이름

靑瓷 청자

청록색 유약을 입힌 자기

靑天霹靂 청천벽력

맑은 하늘에 치는 벼락. '예기치 못했던 뜻밖
의 큰 변'의 비유

靑春 청춘

스무 살 안팎의 젊은 나이

제3장
사람 관련 부수

전신

 사람 **인**

 인변

今 이제 금	代 대신할 대	來 올 래
位 자리 위	人 사람 인	作 지을 작
住 살 주	便 편할 편, 오줌 변	休 쉴 휴

한자자격시험 5~8급

今 | 금
이제
획수: **4** 부수: **人**

어떤 것을 덮어싸서 포함하는 모양을 나타내며 가차하여 '지금'의 뜻으로 쓰인다

>>> 지사문자

今年 금년

올해

今始初聞 금시초문

이제야 비로소 처음 들음

今日 금일

오늘

昨今 작금

❶ 어제와 오늘
❷ 요사이. 요즈음

代 | 대

대신할

획수: **5**　부수: **人**

イ + 弋(익) : (→弋의 전음이 음을 나타냄)

>>> 형성문자

代辨 대변

어떤 사람이나 기관을 대신하여 의견이나 태도를 발표함

代案 대안

❶ 남의 일을 대신함
❷ 어떤 배우의 配役(배역)을 대신하여 연기하는 일, 또는 그런 사람

代行 대행

대신하여 행함

時代 시대

역사적으로 구분한 일정한 기간

世代 세대

❶ 약30년을 한 구분으로 하는 연령층
❷ 어버이, 자식, 손자로 이어지는 代(대)

現代 현대

오늘날의 시대

來 | 래

올

획수: **8**　부수: **人**

보리의 모양. 차용하여 '오다'의 뜻으로 쓰임

>>> 상형문자

來年 내년

올해의 다음 해. 明年(명년)

來歷 내력

어떤 사물의 지나온 자취

來訪 내방

찾아옴

傳來 전래

❶ 예로부터 전하여 내려옴
❷ 외국으로부터 전하여 들어옴

位 | 위
자리

획수: **7** 부수: **人**

亻 + 立[설 립]
사람이 일정한 자리에
섬을 뜻함

>>> 회의문자

位階 위계

지위의 等級(등급)

位置 위치

❶ 자리나 처소
❷ 사회적인 자리. 地位(지위)

方位 방위

四方(사방)을 기본으로 하여 정한 방향

諸位 제위

여러분

地位 지위

개인이 차지하는 사회적 위치

전신

人權 인권

사람마다 가지고 있는 기본적인 권리

人面獸心 인면수심

사람의 얼굴을 하고서 짐승의 마음을 가짐
'사람의 도리를 지키지 못하는 흉악하고 음탕
한 사람'을 이름

人民 인민

❶ 사회를 구성하는 사람
❷ 국가를 구성하는 자연인

人事不省 인사불성

사람으로서 해야 할 일을 살피지 못함
'정신을 잃어 의식이 없음', 또는 '禮節(예절)을
차릴줄 모름'을 이름

人材 인재

학식과 능력이 뛰어난 사람. 人物(인물)

爲人 위인

사람됨. 사람의 됨됨이

作家 작가

문학이나 예술 작품을 창작하는 일에 종사하
는 사람

한자자격시험 5~8급

人 | 인
사람
획수: **2** 부수: **人**

사람이 서 있는 것을
옆에서 본 모양을 본뜬
글자

>>> 상형문자

한자자격시험 5~8급

作 | 작
지을
획수: **7** 부수: **人**

亻 + 乍(사) : (→乍의
전음이 음을 나타냄)

>>> 형성문자

作曲 작곡

樂曲(악곡)을 지음

作業 작업

일정한 목적 아래 하는 노동이나 일

作況 작황

농사 따위의 잘되고 못된 상황

傑作 걸작

매우 뛰어난 작품

豐作 풍작

풍년이 들어 잘된 농사

한자자격시험 5~8급

住 | 주

살

획수: **7** 부수: **人**

亻 + 主(주)

>>> 형성문자

住居 주거

❶ 일정한 곳에 자리를 잡고 삶
❷ 사람이 사는 집

住所 주소

사람이 자리 잡고 살고 있는 곳

住宅 주택

살림하는 집

安住 안주

❶ 자리 잡고 편안하게 삶
❷ 현재 상태에 만족하고 있음

移住 이주

사는 곳을 옮김

便 | 편, 변

편할, 오줌

획수: **9** 부수: **人**

亻 + 更[고칠 경]

불편한 곳을 편리하게
고침의 뜻

>>> 회의문자

便覽 편람

보기에 편하도록 간명하게 만든 책

便乘 편승

❶ 남이 타고 가는 승용차 따위를 얻어 탐
❷ 자기에게 유리한 기회를 포착하여 잘 이용함

便益 편익

편리하고 유익함

簡便 간편

간단하고 편리함

方便 방편

형편에 따라 일을 쉽게 처리할 수 있는 수단과
방법

便器 변기

대소변을 받는 그릇

休 | 휴

쉴

획수: **6** 부수: **人**

亻 + 木[나무 목]
사람이 나무 그늘에서
쉰다는 의미

>>> 회의문자

休暇 휴가

학업이나 근무를 일정 기간 쉬는 일, 또는 그
겨를

休校 휴교

학교의 수업을 한동안 쉬는 일

休息 휴식

하던 일을 멈추고 쉼

休戰 휴전

전쟁을 얼마 동안 쉼

休學 휴학

일정 기간 학업을 쉼

連休 연휴

휴일이 계속되는 일

052

大 큰 대

사람이 팔, 다리를 벌린 모양. 큼을 뜻함

大 클 대	**夫** 사내 부	**失** 잃을 실
太 클 태	**天** 하늘 천	

한자자격시험 5~8급

大 ㅣ 대

클

획수: **3** 부수: **大**

大(대)

>>> 상형문자

大權 대권

국가를 통치하는 권한

大器晩成 대기만성

큰 그릇은 늦게 완성됨
'될 사람은 오랜 노력 끝에 이루어짐'을 이름

大膽 대담

용감하고 담력이 셈

大同小異 대동소이

거의 같고 조금 다름
'서로 비슷비슷함'을 이름

大書特筆 대서특필

큰 글씨로 비중 있게 씀

大勢 대세

❶ 대체의 形勢(형세)
❷ 큰 勢力(세력)

한자자격시험 5~8급

夫 | 부

사내

획수: **4** 부수: **大**

大에 一을 더해서 관을 쓴 성인을 뜻함

>>> 회의문자

夫君 부군

상대편을 높이어 그의 '남편'을 일컫는 말

夫婦有別 부부유별

五倫(오륜)의 하나로, '남편과 아내 사이에는 구별이 있어야 함'을 이름

夫人 부인

'남의 아내'의 높임말

夫唱婦隨 부창부수

남편이 부르면 아내가 따름. '부부가 화목하게 잘 어울리는 도리'를 이름

農夫 농부

농사를 짓는 사람

丈夫 장부

❶ 다 자란 씩씩한 남자
❷ 장하고 씩씩한 사나이

한자자격시험 5~8급

失 | 실

잃을

획수: **5** 부수: **大**

手[손] + 乙(을) : (→乙의 전음이 음을 나타냄) 손에서 물건을 떨어뜨림의 뜻

>>> 형성문자

失格 실격

자격을 잃음

失機 실기

기회를 놓침

失禮 실례

언행이 예의에 벗어남

失言 실언

실수로 말을 잘못함

過失 과실

❶ 잘못이나 허물
❷ 부주의로 말미암은 실수

燒失 소실

불에 타서 없어짐

한자자격시험 5~8급

太 | 태

클

획수: **4** 부수: **大**

본래는 大를 둘 겹친 글자였으나 생략되어 점으로 나타냄

>>> 지사문자

太古 태고

아주 오랜 옛날

太極 태극

❶ 우주 만물 구성의 근원이 되는 본체
❷ 만물의 근원을 그림으로 나타낸 상징

太初 태초

우주의 맨 처음

천지가 개벽한 처음. 太始(태시)

太平 태평

나라나 집안이 잘 다스려져 크게 평안함

天 | 천

하늘

획수: **4** 부수: **大**

大[사람]의 머리 위에 일 선을 그어 사람의 머리 위에 있는 것을 나타냄

>>> 회의문자

天高馬肥 천고마비

하늘은 높고 말은 살찜. '가을'을 수식하는 말

天方地軸 천방지축

❶ 종작없이 덤벙거림
❷ 급하여 허둥지둥 날뛰는 모양

天然 천연

자연 그대로. 타고난 그대로

天佑神助 천우신조

하늘이 돕고 신이 거들어 줌

天災地變 천재지변

자연현상으로 일어나는 재앙이나 괴변

天井不知 천정부지

천장을 알지 못함. '물건 값 등이 자꾸 오르기만 함'을 이름

天眞爛漫 천진난만

조금도 꾸밈이 없이 순진하고 참됨

天職 천직

천성에 알맞은 직업

73

계집 녀

손을 모으고 무릎을 꿇고 있는 여자의 형상

女 계집 녀	姓 성 성	始 비로소 시

한자자격시험 5~8급

女 | 녀
계집
획수: **3** 부수: **女**

女(녀)

>>> 상형문자

女權 여권

여성의 權利(권리)

女史 여사

❶ 사회적 활동에 참여하고 있는 여자
❷ 결혼한 여자

女丈夫 여장부

남자같이 굳세고 걸걸한 여자. 女傑(여걸)

女必從夫 여필종부

아내는 반드시 남편을 따라야 함

전신

姓 | 성
성
획수: **8**   부수: **女**

女 + 生 : (→生의 전음
이 음을 나타냄)

>>> 형성문자

性格 성격

각 개인의 특유한 성질

性能 성능

기계 따위가 지닌 성질과 일을 해내는 능력

性別 성별

남녀 또는 암수의 구별

性向 성향

성질의 경향

異性 이성

성질 또는 암수가 서로 다름

理性 이성

사물의 이치를 논리적으로 생각하고 판단하는 마음의 작용

始 | 시
비로소
획수: **8**   부수: **女**

女 + 台(이) : (→台의
전음이 음을 나타냄)

>>> 형성문자

始動 시동

가동하기 시작함

始作 시작

❶ 처음으로 함
❷ 어떤 행동, 현상의 처음

始終一貫 시종일관

처음부터 끝까지 똑같은 태도로 나감

始初 시초

처음. 애초

開始 개시

시작함, 또는 처음

054

子

아들 **자**

| 孫 손자 손 | 子 아들 자 | 字 글자 자 |
| 學 배울 학 | 孝 효도 효 | |

한자자격시험 5~8급

孫 | 손
손자
획수: **10** 부수: **子**

子 + 系[이어짐]
아이가 계속 이어진다
는 의미

>>> 회의문자

孫子 손자

아들의 아들

外孫 외손

❶ 딸이 낳은 자식
❷ 딸의 자손

子孫 자손

❶ 아들과 손자
❷ 後孫(후손)

宗孫 종손

종가의 맏손자

後孫 후손

여러 대가 지난 뒤의 자손. 後裔(후예)

子孫 자손

❶ 아들과 손자
❷ 後孫(후손), 後裔(후예)

子時 자시

❶ 십이시의 첫째 시
❷ 이십사시의 첫째 시

子息 자식

아들과 딸

子子孫孫 자자손손

자손의 여러 대. 代代孫孫(대대손손)

君子 군자

학문과 덕망이 높은 사람

種子 종자

씨. 씨앗

한자자격시험 5~8급

子 | 자

아들

획수: **3** 부수: **子**

어린아이의 머리와 두 팔을 그린 것이다

>>> 상형문자

한자자격시험 5~8급

字 | 자
글자

획수: **6** 부수: **子**

宀[집] + 子

>>> 회의문자

字幕 자막

영화 등에서 제목, 배역 등을 글자로 나타낸 화면

字典 자전

한자를 모아 일정한 순서로 배열하고, 音(음), 訓(훈), 韻(운) 등을 해설한 책. 玉篇(옥편)

字解 자해

글자의 풀이. 특히, 한자의 풀이

點字 점자

점으로 이루어진 맹인용의 글자

活字 활자

활판 인쇄에 쓰이는 일정 규격의 글자

한자자격시험 5~8급

學 | 학
배울

획수: **16** 부수: **子**

臼[양손] + 宀[집] + 子 + 爻
아이가 집안에서 손짓, 몸짓 등 예의범절을 배운다는 의미

>>> 회의문자

學校 학교

교육하는 기관

學問 학문

체계가 선 지식

學術 학술

학문과 기술

學者 학자

학문에 통달하거나 학문을 연구하는 사람

碩學 석학

학식이 많은 큰 학자

修學 수학

학문을 닦음

孝 | 도

효도

획수: **7** 부수: **子**

耂[老의 생략형] + 子
아들이 노인을 업고 있
는 모양에서 부모를 공
양함의 의미를 나타냄

>>> 회의문자

孝道 효도

부모를 잘 섬기는 도리

孝誠 효성

마음을 다하여 어버이를 섬기는 정성

孝悌忠信 효제충신

'효도, 우애, 충성, 신의'의 총칭

055

文 글월 **문**

文 글월문

한자자격시험 5~8급

文 | 문

글월

획수: **4** 부수: **文**

여러 선이나 무늬를 겹쳐 놓은 모습을 그린 글자

>>> 상형문자

文盲 문맹

글자를 읽지 못함, 또는 그런 사람. 까막눈이

文武 문무

❶ 文官(문관)과 武官(무관)

❷ 문화적인 면과 군사적인 면

文書 문서

글로써 어떤 내용을 적어 표시한 것의 총칭

文案 문안

문서나 문장의 초안

文學 문학

인간의 사상, 감정 등을 언어와 문자로써 표현한 예술 작품의 총칭. '시, 소설, 희곡' 따위

作文 작문

글을 지음

057

立 설 **립**

| 童 아이동 | 立 설립 | 章 글장 |

한자자격시험 5~8급

童 | 동
아이

획수: **12** 부수: **立**

辛[문신하는 바늘]+重(중)
: (→重의 생략형의 전음
이 음을 나타냄) 문신을
당하고 무거운 짐을 짊어
진 종의 뜻을 나타내며 전
하여 아이의 뜻을 나타냄

>>> 형성문자

童心 동심

어린아이의 마음

童謠 동요

아이들 사이에서 불리는 노래

童話 동화

아이들을 위하여 지은 이야기

三尺童子 삼척동자

키가 석 자인 아이
'철부지 어린아이'를 이름

兒童 아동

어린아이

한자자격시험 5~8급

立 | 립

설

획수: **5**　부수: **立**

사람이 땅 위에 서있는 모습

>>> 상형문자

立席 입석

서서 타는 자리

立身 입신

사회적으로 자기 기반을 닦고 출세함

獨立 독립

남의 힘을 입지 않고 홀로 섬

存立 존립

없어지지 않고 존재함

確立 확립

확고하게 서거나 세움

한자자격시험 5~8급

章 | 장

글

획수: **11**　부수: **立**

音[음악] + 十
음악의 일단락의 뜻

>>> 회의문자

文章 문장

생각이나 느낌을 글자로 기록하여 나타낸 것
글월

印章 인장

도장

憲章 헌장

❶ 헌법의 典章(전장)
❷ 이상으로서 규정한 원칙적인 규범

勳章 훈장

나라에 대한 공로를 표창하기 위하여 주는
휘장

徽章 휘장

신분이나 직무, 명예 등을 나타내기 위하여 옷
이나 모자에 붙이는 표

058

老 늘을 **로**

 늘을로엄

머리가 길고 허리가 굽은 노인이 지팡이를 짚고 있는 모습

老 늘을로   者 놈자

한자자격시험 5~8급

老 | 로

늘을

획수: **6**   부수: **老**

老(로)

>>> 상형문자

老鍊 노련

오랜 경험을 쌓아 익숙하고 능란함

老少同樂 노소동락

늙은이와 젊은이가 함께 즐김

老衰 노쇠

늙어서 심신이 쇠약함

老婆 노파

늙은 여자

老患 노환

노쇠해서 오는 병

元老 원로

❶ 나라에 큰 공을 세운 신하
❷ 어떤 일에 오래 종사하여 경험과 공로가
  많은 사람

近者 근자

요즈음. 近來(근래)

亡者 망자

죽은 사람. 亡人(망인)

識者 식자

식견이 있는 사람

王者 왕자

❶ 임금
❷ 王道(왕도)로써 천하를 다스리는 사람

筆者 필자

글이나 글씨를 쓴 사람

後者 후자

둘을 들어 말한 가운데서 뒤의 것이나 사람

한자자격시험 5~8급

者 | 자

놈

획수: **9**　부수: **老**

받침대 위에 나무를 쌓아놓고 불을 때는 모양으로 '익히다'의 뜻을 나타낸다. 가차하여 '놈'의 뜻으로 쓰임

>>> 상형문자

059

色

빛 **색**

色 빛 색

한자자격시험 5~8급

色 | 색

빛

획수: **6** 부수: **色**

勹[사람] + 巴[마디]
사람의 안색의 뜻

>>> 회의문자

色感 색감

❶ 색에 대한 감각
❷ 빛깔에서 받는 느낌

色盲 색맹

빛깔을 구별하지 못하는 상태, 또는 그런 사람

色彩 색채

빛깔

氣色 기색

얼굴에 나타난 마음속의 생각, 감정 따위

物色 물색

❶ 물건의 빛깔
❷ 적합한 사람이나 물건을 찾아 고름

好色 호색

女色(여색)을 좋아함

見 볼 견

사람이 눈[目]을 움직이는 모양

| 見 볼 견, 뵐 현 | 親 친할 친 |

한자자격시험 5~8급

見 | 견, 현

볼, 뵐

획수: **7** 부수: **見**

見(견)

>>> 상형문자

見利思義 견리사의
이익이 보일 때 의리를 먼저 생각함

見聞 견문
보고 들음

見物生心 견물생심
물건을 보면 갖고자 하는 욕심이 생김

見解 견해
자기 의견으로 본 해석

意見 의견
마음속에 느낀 생각

謁見 알현
지체가 높은 사람을 만나 뵙는 일. 見謁(현알)

親 | 친

친할

획수: **16** 부수: **見**

見 + 亲(신) : (→亲의 전음이 음을 나타냄)

>>> 형성문자

親近 친근

정분이 친하고 가까움

親分 친분

친밀한 정분

親熟 친숙

친하고 흉허물이 없음

親知 친지

친하게 잘 알고 지내는 사람

兩親 양친

아버지와 어머니

切親 절친

매우 친근함

063

身 몸 신

身 몸신

身 몸신

한자자격시험 5~8급

身 | 신

몸

획수: **7** 부수: **身**

사람이 임신하여 배가
불룩한 모습을 그린 글
자

>>> 상형문자

身邊 신변

몸 또는 몸의 주변

身分 신분

❶ 개인의 사회적 지위
❷ 법률상의 일정한 지위나 자격

身上 신상

신변에 관련된 형편

身長 신장

몸의 길이. 사람의 키

身體 신체

사람의 몸

肉身 육신

사람의 산 몸뚱이

064

長 길 장

長 길 장, 어른 장

한자자격시험 5~8급

長 | 장

길, 어른

획수: **8** 부수: **長**

사람의 머리카락이 긴 모양을 그린 것으로 본래 '노인'을 뜻함

>>> 상형문자

長廣舌 장광설

❶ 길고 줄기차게 잘 늘어놓는 말솜씨
❷ 쓸데없이 너저분하게 오래 지껄이는 말

長短 장단

❶ 긴 것과 짧은 것
❷ 장점과 단점

長蛇陣 장사진

긴 뱀 모양으로 친 陣(진)
'많은 사람이 줄을 지어 길게 늘어서 있는 모양'을 이름

長壽 장수

오래 삶

長幼有序 장유유서

五倫(오륜)의 하나로, '연장자와 연소자 사이에
는 지켜야 할 차례가 있음'을 이름

家長 가장

한 집안을 맡아 다스리는 사람

067

儿 어진 사람 인

光	빛 광	先	먼저 선, 앞설 선
元	으뜸 원	兄	맏 형

한자자격시험 5~8급

光 | 광

빛

획수: **6** 부수: **儿**

火 + 儿
사람의 위에 있는 불.
전하여 빛남의 뜻이 됨

>>> 회의문자

光明 광명

❶ 밝은 빛
❷ 장래의 밝은 희망

光陰 광음

시간. 세월. '光(광)'은 해, '陰(음)'은 달을 뜻함

光彩 광채

❶ 찬란한 빛
❷ 정기 어린 밝은 빛

榮光 영광

빛나는 榮譽(영예). 光榮(광영)

後光 후광

어떤 인물이나 사물을 더욱 빛나게 하는 배경

先 | 선

먼저, 앞설

획수: **6** 부수: **儿**

儿 + 之[가다]
나아가다의 뜻

>>> 회의문자

先覺 선각

남보다 먼저 깨달음 또는 그 사람

先見之明 선견지명

앞일을 꿰뚫어 보는 슬기

先驅 선구

❶ 어떤 사상이나 일에 있어서 앞선 사람. 先驅者(선구자)

❷ 말 탄 행렬의 앞에 선 사람. 前驅(전구)

先烈 선열

正義(정의)를 위해 사우다 죽은 烈士(열사)

先後 선후

먼저와 나중

機先 기선

어떤 일이 일어나려는 그 직전

元 | 원

으뜸

획수: **4** 부수: **儿**

사람의 머리를 표현한 글자

>>> 지사문자

元老 원로

❶ 국가에 큰 공이 있는 신하
❷ 오랫동안 어떤 일에 종사하여 공로가 있는 사람

元素 원소

물체의 성분을 형성문자하는 근본. 본바탕

元首 원수

국가의 최고 통치권을 가진 사람

元子 원자

임금의 嫡子(적자)

元祖 원조

❶ 한 겨레의 맨 처음 조상
❷ 어떤 일을 처음 시작한 사람. 鼻祖(비조)

壯元 장원

과거에 首席(수석)으로 급제함

한자자격시험 5~8급

兄 | 형

맏

획수: **5** 부수: **儿**

口[입] + 儿
사람 위에서 지시하는
사람

>>> 회의문자

兄夫 형부

언니의 남편

兄弟 형제

형과 아우

妹兄 매형

손위 누이의 남편. 妹夫(매부), 姉兄(자형)

068

병부 **절**

卯 토끼 묘, 넷째지지 묘

卯 | 묘

토끼, 넷째지지

획수: **5**   부수: **卩**

문의 양쪽 문짝을 밀어 여는 모양. 가차하여 넷째지지로 쓰인다

>>> 상형문자

卯時 묘시

❶ 십이시의 넷째 시
❷ 이십사시의 일곱째시

072

欠 하품 **흠**

歌 노래 가

歌 | 가

노래

획수: **14** 부수: **欠**

欠 + 哥(가)

>>> 형성문자

歌舞 가무

노래와 춤

歌手 가수

노래 부르는 일을 직업으로 하는 사람

歌謠 가요

民謠(민요), 童謠(동요), 俗謠(속요), 流行歌(유행가) 등의 총칭

詩歌 시가

시와 노래의 총칭

戀歌 연가

異性(이성)에 대한 사랑을 나타낸 노래

毋 말 무

母 어미 모 　　　　 每 매양 매

한자자격시험 5~8급

母 | 모

어미

획수: **5**　부수: **毋**

'女(녀)'는 여성의 뜻. 두 점은 젖가슴을 표시하여 아이를 낳아 기르는 어미의 뜻을 나타냄

>>> 지사문자

母系 모계

혈연관계에서 어머니 쪽의 系統(계통)

母國 모국

자기가 출생한 나라. 祖國(조국)

母性 모성

여성이 어머니로서 갖는 본능적인 성질

母體 모체

❶ 어머니의 몸
❷ 근본이 되는 사물

乳母 유모

어머니 대신 젖을 먹여 길러 주는 여자
젖어미

每 | 매

매양

획수: **7**   부수: **毋**

屮 + 母(모) : (→母의
전음이 음을 나타냄)

>>> 형성문자

每番 매번

번번이. 每回(매회)

每事 매사

모든 일. 일마다

每週 매주

주마다

전신

074

疒

병들 **녁**

病 병들병

病 | 병

병들

획수: **10** 부수: **疒**

疒 + 丙(병)

>>> 형성문자

病菌 병균

병을 일으키는 세균

病院 병원

병자를 진찰, 치료하기 위하여 설비해 놓은 건물

病弊 병폐

결점과 폐단

持病 지병

잘 낫지 않아 늘 앓으면서 고통당하는 병

疾病 질병

신체의 온갖 장애로 일어나는 병

076

頁

머리 **혈**

頭 머리 두 　　　　　 題 제목 제

頭 | 두

머리

획수: **16** 부수: **頁**

頁 + 豆(두)

>>> 형성문자

頭角 두각

머리끝. '여럿 중에서 특히 뛰어난 학식이나 재능'을 이름

頭目 두목

나쁜 짓을 일삼는 무리의 우두머리

頭髮 두발

머리털

頭緒 두서

일의 차례나 갈피. 앞뒤의 순서. 條理(조리)

頭痛 두통

머리가 아픈 증세

先頭 선두

첫머리. 맨 앞

題 | 제

제목

획수: **18** 부수: **頁**

頁 + 是(시) : (→是의
전음이 음을 나타냄)

>>> 형성문자

題目 제목

책이나 문학 작품 등에서 그것의 내용을 보이
거나 대표하는 이름

題材 제재

예술 작품이나 학술 연구 따위에서, 주제의 재
료가 되는 것

問題 문제

해답을 요하는 물음

主題 주제

❶ 주요한 제목, 또는 중심이 되는 문제
❷ 예술 작품에서, 작가가 그리려는 중심 제재
　나 사상

標題 표제

❶ 책의 겉에 쓴 그 책의 이름
❷ 연설, 강연 등의 제목

제4장
사람 관련 부수

손

又 또 우

反 돌이킬 **반**, 뒤칠 **번**	友 벗 우

反 | 반, 번
돌이킬, 뒤칠
획수: **4** 부수: **又**

又 + 厂(엄) : (→厂의
전음이 음을 나타냄)

>>> 형성문자

反擊 반격

쳐들어오는 적을 되받아 공격함, 또는 그러한
공격

反亂 반란

정권을 타도하기 위한 조직적인 폭력 활동

反目 반목

서로 맞서서 미워함

反駁 반박

의견. 비난 따위에 맞서 반대하여 말함

反應 반응

어떤 자극을 받아 작용을 일으키는 일

如反掌 여반장

손바닥을 뒤집는 것과 같음. '일이 썩 쉬움'을 이름

友 ｜ 우

벗

획수: **4** 부수: **又**

손을 포갠 모양을 그린 글자

>>> 회의문자

友邦 우방

서로 친밀한 관계인 나라

友愛 우애

❶ 동기간의 사랑

❷ 벗 사이의 정

友誼 우의

친구 사이의 정분. 友情(우정)

友好 우호

서로 친함. 사이가 좋음

朋友 붕우

벗. 친구

080

寸 마디 **촌**

對 대답할 대   寸 마디 촌

對 | 대

대답할

획수: **14** 부수: **寸**

丵은 위가 톱니모양인 '끌'의 모양. 寸[손]으로 끌을 쥐고 문자를 새겨서 천자의 말에 대답하다의 의미

>>> 회의문자

對決 대결

兩者(양자)가 맞서서 우열을 겨룸

對答 대답

부름, 물음, 시킴 등에 응하는 말

對立 대립

서로 맞서거나 버팀, 또는 그런 상태
對峙(대치)

對備 대비

무엇에 대응할 준비

相對 상대

서로 마주 대하거나 겨룸, 또는 그 대상

應對 응대

이야기를 나누거나 물음에 답함

한자자격시험 5~8급

寸 | 촌

마디

획수: **3** 부수: **寸**

오른쪽 손목에 엄지손 가락을 대어 마디를 재 다의 뜻을 나타냄

>>> 지사문자

寸刻 촌각

매우 짧은 시간

寸劇 촌극

❶ 아주 짧은 演劇(연극)
❷ '잠시 동안의 우스꽝스러운 일이나 사건'을 이름

寸陰 촌음

썩 짧은 시간

寸志 촌지

'작은 선물'이라는 뜻으로, '자기의 선물'의 謙稱 (겸칭)

寸鐵殺人 촌철살인

조그만 무기로도 사람을 죽일 수 있음. '짤막 한 말로 상대자를 감동시킴'의 비유

寸評 촌평

아주 짧은 비평

107

 칠**복**

 둥글월 **문**

教 가르칠 교	放 놓을 방

教 | 교

가르칠

획수: **11** 부수: **攴**

爻[배움] + 攵[회초리]
회초리로 쳐서 가르침
의 뜻

>>> 회의문자

教理 교리

종교상의 이치나 원리

教唆 교사

못된 일을 하도록 남을 부추김

教育 교육

❶ 가르쳐 기름
❷ 지식을 넓혀 주며 품성을 길러 줌

教鞭 교편

학생을 가르칠 때 교사가 쓰는 회초리

教訓 교훈

가르치고 깨우침

宗敎 송교

초인간적 대상을 믿어 평안, 행복 등을 얻으려
는 신앙

한자자격시험 5~8급

放 | 방

놓을

획수: **8** 부수: **攵**

攵 + 方(방)

>>> 형성문자

放免 방면

被疑者(피의자)나 在所者(재소자)를 풀어 줌

放牧 방목

가축을 놓아 기름

放任 방임

간섭하지 않고 내버려 둠

放置 방치

내버려 둠

追放 추방

쫓아냄

解放 해방

풀어놓아 자유롭게 함

父 아비 **부**

父 아비 **부**

한자자격시험 5~8급

父 | **부**

아비

획수: **4**   부수: **父**

오른손에 막대기를 든 모양. 한 집안을 다스리는 지배권을 뜻함

>>> 상형문자

父系 부계

아버지 쪽 혈통의 계통

父母 부모

아버지와 어머니

父子有親 부자유친

五倫(오륜)의 하나로, '아버지와 아들 사이에는 親愛(친애)가 있어야 함'을 이름

父傳子傳 부전자전

아버지가 전해 받은 것을 아들에게 전해 줌. '대대로 아버지가 아들에게 전함'의 뜻

父親 부친

아버지

089

厶 사사 **사**

去 갈 거

한자자격시험 5~8급

去 │ 거

갈

획수: **5** 부수: **厶**

大[사람] + 厶(사) : (→厶
의 전음이 음을 나타냄)

>>> 형성문자

去來 거래

상품을 사고팔거나 금전을 주고받는 일

去就 거취

❶ 가거나 옴
❷ 일신상의 出處(출처)나 進退(진퇴)

過去 과거

지나간 때. 옛날

收去 수거

거두어 감

除去 제거

털어서 없애 버림

撤去 철거

건물, 시설 따위를 걷어 치워 버림

111

 손 수

 재방변

다섯 손가락을 편 모양

手 손수   才 재주 재

한자자격시험 5~8급

手 | 수

손

획수: **4** 부수: **手**

手(수)

>>> 상형문자

手記 수기

자기의 체험을 손수 적음, 또는 그 기록

手製 수제

손으로 만듦, 또는 손으로 만든 물건

手足 수족

❶ 손과 발
❷ 손발과 같이 요긴하게 부리는 사람

手話 수화

손짓으로 하는 말

旗手 기수

❶ 행렬 등의 앞에서 기를 드는 사람.
❷ '단체 활동의 대표로서 앞장서는 사람'의
   비유

名手 명수

어떤 일에 훌륭한 소질과 솜씨가 있는 사람

才能 재능

재주와 능력

才士 재사

재주가 많은 남자

才色 재색

여자의 뛰어난 재주와 아름다운 용모

才質 재질

타고난 재주

秀才 수재

빼어난 재주, 또는 재주가 빼어난 사람

天才 천재

아주 뛰어난 재주, 또는 그런 재주를 가진 사람

才 | 재

재주

획수: **3** 부수: **手**

초목의 싹이 지표(地表)에 조금 나온 모양

>>> 지사문자

113

094

止 그칠 **지**

| 步 걸음 보 | 正 바를 **정**, 정월 **정** |

步 | 보

걸음

획수: **7** 부수: **止**

좌우의 발[止]의 상형
문자로, '걷다'의 뜻

>>> 상형문자

步道 보도

사람이 다니는 길

步行 보행

걸어가는 일. 걷기

踏步 답보

제자리걸음. '일의 진전이 없음'의 비유

闊步 활보

❶ 큰 걸음으로 당당히 걸음
❷ 거리낌 없이 멋대로 행동함

국어 실력으로 이어지는 수(秀) 한자: 5-8급

正 | 정

바를, 정월

획수: **5**　부수: **止**

一[하늘] + 止[걸음]
하늘의 천체의 운행이
정확함의 뜻. 전하여
'바름'의 뜻이 되었다

>>> 회의문자

正當 정당

바르고 옳음

正義 정의

사람으로서 지켜야 할 바른 도리

正直 정직

마음이 바르고 곧음

正統 정통

바른 계통

正確 정확

바르고 확실함

訂正 정정

잘못을 고쳐 바로잡음

제4장 사람 관련 부수
손

115

足 발족    발족변

路 길로   足 발족, 지나칠주

路 | 로
길
획수: **13** 부수: **足**

足 + 各(각) : (→各의
전음이 음을 나타냄)

>>> 형성문자

路毒 노독

여행에서 오는 피로

路線 노선

❶ 정해 놓고 통행하는 길
❷ 행동이나 견해의 방향

路程 노정

어떤 지점에서 목적지까지의 거리, 또는 걸리
는 시간

岐路 기로

갈림길

進路 진로

앞으로 나아갈 길

行路 행로

❶ 다니는 길
❷ 살아가는 과정

足 | 족, 주

발, 지나칠

획수: **7** 부수: **足**

무릎 밑의 발의 모양

>>> 상형문자

足鎖 족쇄

지난 날, 죄인의 발목에 채우던 쇠사슬

足跡 족적

❶ 발자국
❷ 걸어온 자취. 옛 자취

駿足 준족

발이 빠르고 잘 달림, 또는 그런 사람

充足 충족

❶ 넉넉하게 채움
❷ 모자람이 없음

洽足 흡족

넉넉하여 모자람이 없음

 천천히 걸을 **쇠**

夏 여름 하

한자자격시험 5~8급

夏 | 하

여름

획수: **10** 부수: **夂**

頁 + 臼 + 夂

'頁(혈)'은 관을 쓴 사람의 머리. 臼(구)는 양손. '夂(쇠)'는 양발. 관을 쓰고 춤추는 여름 제사의 춤의 모양에서 '여름'의 뜻을 나타냄

>>> 회의문자

夏季 하계

여름의 時期(시기)

夏服 하복

여름철에 입는 옷

立夏 입하

이십사절기의 하나

穀雨(곡우)와 小滿(소만) 사이로, 5월 6일경

099

걸을 **발**

登 오를등   發 필발

한자자격시험 5~8급

登 | 등

오를

획수: **12** 부수: **癶**

癶 + 豆[두] : (→豆의
전음이 음을 나타냄)

>>> 형성문자

登校 등교

학교에 출석함

登壇 등단

❶ 연단이나 교단에 오름
❷ 文壇(문단) 같은 특수 분야에 처음 나타남

登山 등산

산에 오름

登龍門 등용문

용문에 오름
'어려운 관문을 통과하여 입신출세함'의 비유

登場 등장

배우 등이 무대 같은 데에 나옴

登頂 등정

산 따위의 정상에 오름

한자자격시험 5~8급

發 | 발

필

획수: **12** 부수: 癶

弓[활] + 癹(발)
본래 '활을 쏘다'의 뜻
이다

>>> 형성문자

發端 발단

일이 처음으로 일어남, 또는 일의 실마리

發達 발달

학문, 사회가 진보하여 더 높은 경지에 이름

發展 발전

어떤 상태, 세력 따위가 보다 좋거나 성하게 되어 감

發表 발표

대중 앞에서 의견이나 생각을 진술함

發揮 발휘

지니고 있는 재능이나 힘 등을 외부에 드러냄

滿發 만발

꽃이 활짝 핌

101

韋 다룬 가죽 **위**

韓 나라이름 **한**

한자자격시험 5~8급

韓 | 한

나라이름

획수: **17** 부수: **韋**

韋 + 龺[간/龺ᄉ의 생략형]
: (→龺의 전음이 음을
나타냄)

>>> 형성문자

韓服 한복

한국 고유의 의복

韓屋 한옥

한국 古來(고래)의 건축 양식으로 지은 집

韓牛 한우

한국 재래종의 소

韓紙 한지

한국 古來(고래)의 제조법으로 뜬 종이
창호지 따위

제5장
사람 관련 부수

입

+

+

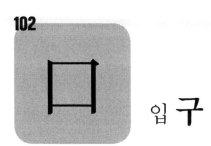

102

口 입 구

各 각각 **각**	古 옛 **고**	口 입 **구**
同 한가지 **동**	名 이름 **명**	命 목숨 **명**
問 물을 **문**	右 오른쪽 **우**	品 품수 **품**
合 합할 **합**, 흡 **흡**	向 향할 **향**	和 화할 **화**

한자자격시험 5~8급

各 | 각

각각

획수: **6**   부수: **口**

口 + 各[반대함]
사람들이 하는 말이 서
로 맞지 않는다는 뜻

>>> 회의문자

各界 각계

직업, 직무에 따라 갈라진 사회의문자 각 분야

各別 각별

유달리 특별함

各樣各色 각양각색

갖가지 모양과 갖가지 색. 여러 가지. 가지가지

各自 각자

저마다. 제각기

各種 각종

여러 종류. 여러 가지

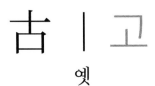

한자자격시험 5~8급

古 | 고

옛

획수: **5** 부수: **口**

十[십] + 口(구)
10세대에 걸쳐 내려온
옛 말이라는 뜻

>>> 회의문자

古今 고금

옛날과 지금

古來 고래

예로부터 지금까지

古蹟 고적

역사상의 유적

古稀 고희

'일흔 살'을 이름

考古 고고

유물, 유적을 통해 옛일을 연구함

懷古 회고

옛일을 돌이켜 생각함

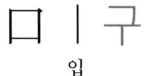

한자자격시험 5~8급

口 ｜ 구

입

획수: **3**　부수: **口**

사람의 입모양을 그린 것

>>> 상형문자

口腔 구강

입 안

口頭 구두

직접 입으로 하는 말

口尙乳臭 구상유취

입에서 아직 젖내가 남
'말이나 하는 짓이 아직 유치함'을 이름

口傳 구전

입으로 전함. 말로 전함

人口 인구

❶ 어떠한 지역 안에 사는 사람의 수효
❷ 사람들의 입. 세상의 평판이나 소문

入口 입구

들어가는 어귀나 문

한자자격시험 5~8급

同 ｜ 동

한가지

획수: **6**　부수: **口**

口 + 凡(범)
본래 모인다는 뜻

>>> 회의문자

同感 동감

의견, 견해에 있어 같이 생각함, 또는 그러한
생각

同苦同樂 동고동락

괴로움도 즐거움도 함께함

同病相憐 동병상련

같은 처지에 있는 사람끼리 서로 딱하게 여김

同床異夢 동상이몽

같은 잠자리에서 다른 꿈을 꿈
'함께 일을 하면서도 속으로는 각각 딴생각을 함'의 비유

同情 동정

남의 불행, 슬픔 따위를 자기 일처럼 생각함

混同 혼동

뒤섞음

한자자격시험 5~8급

名 | 명
이름
획수: **6** 부수: **口**

夕[저녁] + 口
저녁이 되어 어두우면 자기 이름을 말해서 알린다는 의미

>>> 회의문자

名目 명목

❶ 사물을 지정해 부르는 이름
❷ 표면상의 이유나 구실

名分 명분

❶ 도덕적으로 지켜야 할 도리
❷ 표면상의 이유나 구실

名聲 명성

좋은 평판

名實相符 명실상부

이름과 실상이 서로 들어맞음

名譽 명예

사회적으로 받는 높은 평가와 이에 따르는 영광

命名 명명

이름을 지어 줌
이름을 지어 정함

命 | 명

목숨

획수: **8**   부수: **口**

口 + 令[하여금 령]
입으로 명령을 내림의 뜻. 가차하여 '목숨'이라는 뜻으로도 쓰인다

>>> 회의문자

命令 명령

윗사람이 아랫사람에게 무엇을 하도록 시킴
또는 그 내용

命在頃刻 명재경각

목숨이 경각에 달려 있음
'거의 죽을 지경에 이름'의 뜻

命題 명제

논리적인 판단을 언어나 기호로 나타낸 것

壽命 수명

살아 있는 年限(연한)

運命 운명

태어날 때 이미 정해진 목숨이나 처지

問 | 문

한자자격시험 5~8급

물을

획수: **11** 부수: **口**

口 + 門(문)

>>> 형성문자

問答 문답

물음과 대답

問安 문안

윗사람의 안부를 여쭘

問題 문제

❶ 대답을 여하는 물음
❷ 해결하거나 연구해야 할 사항

問責 문책

책임을 물어 따짐

訪問 방문

남을 찾아가 봄

質問 질문

모르는 것이나 알고 싶은 것 따위를 물음

右 | 우

한자자격시험 5~8급

오른쪽

획수: **5** 부수: **口**

ナ가 오른손의 모양. 口가 더해져 손과 입이 서로 조력(助力)함의 의미

>>> 회의문자

右腕 우완

오른팔

右往左往 우왕좌왕

우로 갔다 좌로 갔다 함
'결정을 짓지 못하고 망설임'을 이름

右側 우측

오른쪽

品 | 품

품수

획수: **9** 부수: **口**

口[입 구] 세 개로 많은
사람의 뜻을 나타냄

>>> 회의문자

合 | 합, 흡

합할, 흡

획수: **6** 부수: **口**

스 + 口

[→흡: 용량의 단위]
'스(집)'은 뚜껑의 상형
문자. '口(구)'는 그릇의
상형문자. 그릇에 뚜껑
을 덮다에서 합치다의
의미를 나타냄

>>> 회의문자

品格 품격

품성과 인격

品位 품위

사람이나 물건이 지닌 좋은 인상

品質 품질

물건의 성질과 바탕

品評 품평

물품의 좋고 나쁨과 가치를 평가함

品行 품행

품성과 행실. 몸가짐

性品 성품

성질과 됨됨이

合格 합격

❶ 규격 또는 기준에 맞음
❷ 시험에 통과함

合同 합동

여럿이 모여 하나가 되거나, 모아서 하나로 함

合法 합법

법령, 규칙에 맞음

合意 합의

서로의 의견이 일치함

合議 합의

어떤 일을 토의하여 의견을 종합함

保合 보합

시세가 변동 없이 그대로 계속되는 일

한자자격시험 5~8급

向 | 향

향할

획수: **6** 부수: **口**

집의 북쪽 창의 상형문자. 전하여 '향하다'의 의미가 됨

>>> 상형문자

向方 향방

향하여 나아가는 일정한 방향

向上 향상

❶ 위로 오름
❷ 생활, 기능 등의 수준이 높아짐

向學 향학

학문에 뜻을 두고 그 길로 나아감

傾向 경향

사상, 형세 등이 어떤 방향으로 기울어 쏠림, 또는 그 방향

意向 의향

어떻게 할 것인가에 대한 생각

趣向 취향

하고 싶은 마음이 쏠리는 방향

131

和 | 화

화할

획수: **8** 부수: **口**

口 + 禾(화)

>>> 형성문자

和答 화답

맞받아 답함

和而不同 화이부동

조화를 이루나 같아지지는 않음

和合 화합

서로 화목하게 어울림

和解 화해

다툼질을 그치고 좋은 사이가 됨

講和 강화

전투를 중지하고 조약을 맺어 평화를 회복함

融和 융화

서로 어울려 화합함

曰 가로 **왈**

| 書 글 서 | 會 모을 회 |

書 | 서

글

획수: **10** 부수: **曰**

聿[붓] + 者(자) : (→者
의 생략형의 전음이 음
을 나타냄)

>>> 형성문자

書架 서가

문서, 서적 등을 얹어 두는 시렁

書類 서류

기록, 사무에 관한 문서

書齋 서재

책을 쌓아 두고 글을 읽거나 쓰는 방

書籍 서적

책

書體 서체

글씨체

良書 양서

내용이 좋은 책

한자자격시험 5~8급

會 | 회

모을

획수: **13** 부수: **曰**

그릇[曰]에 물건을 담고 뚜껑을 씌운 모습. '합하다', '모으다'의 의미

>>> 상형문자

會見 회견

서로 만나 봄

會談 회담

모여서 의논함

會同 회동

여럿이 모임

會者定離 회자정리

만날 적에 헤어지기로 정해져 있음
'인생의 무상함'을 이름

機會 기회

어떤 일을 하기에 알맞은 시기

再會 재회

❶ 두 번째 갖는 모임
❷ 다시 만남

言 말씀 언

計	셈할 계	記	기록할 기	讀	읽을 독, 구두 두
詩	시 시	語	말씀 어	言	말씀 언
話	말할 화				

한자자격시험 5~8급

計 | 계

셈할

획수: **9** 부수: 言

言 + 十

十(십)은 수(數)의 뜻을 나타냄. 입으로 수를 헤아리는 모양에서, 수를 세다의 뜻을 나타냄

>>> 회의문자

計器 계기

분량, 정도 등을 재는 기계나 기구의 총칭

計量 계량

분량을 계산함

計算 계산

수량을 헤아림. 셈함

計劃 계획

꾀하여 미리 작정함

合計 합계

모두 합한 전체의 수

記 | 기

기록할

획수: **10** 부수: **言**

言 + 己(기)

>>> 형성문자

讀 | 독, 두

읽을, 구두

획수: **22** 부수: **言**

言 + 賣(매)

'賣'는 '屬(속)'과 통하여, '계속하다'의 뜻에서 '말을 이어 늘어놓다'의 의미. 즉 '읽다'의 뜻이 됨

>>> 형성문자

記念 기념

오래도록 기억하여 잊지 않음

記錄 기록

❶ 어떤 사실을 뒤에 남기려고 적음, 또는 그 글
❷ 운동 경기 따위의 성적

記入 기입

적어 넣음

記載 기재

문서에 기록하여 실음

速記 속기

빠르게 기록함

手記 수기

자기의 체험을 자기가 적은 글

讀書 독서

책을 읽음

讀破 독파

끝까지 다 읽어 냄

購讀 구독

신문 등을 사서 읽음

句讀點 구두점

구절과 구절 사이에 찍어, 읽기 편하게 한 점.
마침표, 쉼표 따위

吏讀 이두

신라 때부터 한자의 음과 뜻을 빌려서 우리말
을 적던 방식, 또는 그 문자

한자자격시험 5~8급

詩 | 시
시
획수: **13** 부수: 言

言 + 寺(시)

>>> 형성문자

詩歌 시가

❶ 시와 노래
❷ 가사(歌辭)를 포함한 시문학의 총칭

詩想 시상

시를 짓기 위한 시인의 생각이나 구상(構想)

詩仙 시선

시의 천재
당(唐)나라 시인 '이백(李白)'을 이르는 말

詩聖 시성

고금에 뛰어난 시인
당(唐)나라 시인 '두보(杜甫)'를 이르는 말

詩語 시어

시인의 감정을 나타낸 함축성(含蓄性)있는 말

漢詩 한시

한문으로 지은 시

語 | 어

말씀

획수: **14** 부수: **言**

言 + 吾(오) : (→吾의
전음이 음을 나타냄)

>>> 형성문자

語感 어감

말소리 또는 말투에 따라 말이 주는 느낌

語不成說 어불성설

말이 사리에 맞지 않아 말이 되지 않음

語源 어원

말이 이루어진 근원

文語 문어

문장에만 쓰이고 談話(담화)에는 쓰이지 않
는 말

隱語 은어

특수한 집단이나 사회에서 자기네끼리만 쓰
는 말

言 | 언

말씀

획수: **7** 부수: **言**

言(언)

>>> 회의문자

言論 언론

말이나 글로 자기의 생각을 발표하는 일, 또는
그 말과 글

言文一致 언문일치

말할 때의 표현과 글로 나타낼 때의 표현 사이
에 용어상의 차이가없게 하는 일

言爭 언쟁

말다툼

言語道斷 언어도단

말의 길이 끊김
'말로 설명할 수 없는 심오한 진리', 또는 '말도
못할 정도로 어이가 없음'을 이름

言中有骨 언중유골

말 속에 뼈가 있음
'예사로 하는 말에 단단한 속뜻이 들어 있음'을
이름

言行 언행

말하는 것과 행하는 것

話 | 화
말할
획수: **13** 부수: 言

言 + 舌(설) : (→舌의
전음이 음을 나타냄)

>>> 형성문자

話頭 화두

❶ 말머리
❷ 불교에서, 참선하는 이에게 도를 깨치게 하
기 위하여 내는 문제

話術 화술

말하는 기술. 말재주

話題 화제

이야깃거리. 이야기

對話 대화

마주 대하여 이야기함

祕話 비화

세상에 알려지지 않은, 비밀스러운 이야기

逸話 일화

아직 세상에 널리 알려지지 않은 이야기

국어 실력으로 이어지는 수(秀) 한자: 5-8급

音 소리 음

音 소리 음

音 소리 음

한자자격시험 5~8급

音 | 음

소리

획수: **9** 부수: **音**

言(언)에 一이 더해진 것. 一은 소리가 입에서 나오는 것을 표시함

>>> 지사문자

音階 음계

음을 그 높이의 차례대로 일정하게 배열한 것

音聲 음성

말소리. 목소리

音樂 음악

음을 미적으로 조화, 결합하여 어떤 감정, 정서를 나타내는 예술

音韻 음운

❶ 한자의 音(음)과 그 韻(운)
❷ 말을 이루는 하나하나의 소리

福音 복음

반가운 소식

騷音 소음

시끄러운 소리

제6장
사람 관련 부수

신체 일부

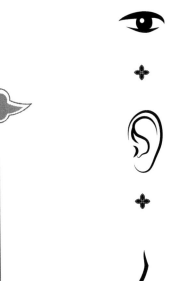

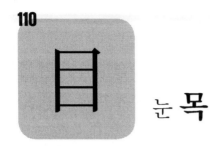

110

目

눈 목

| 目 눈목 | 省 살필 성, 덜 생 | 直 곧을 직, 값 치 |

한자자격시험 5~8급

目 | 목

눈

획수: **5** 부수: **目**

사람의 눈을 그린 것

>>> 상형문자

目擊 목격

직접 자기의 눈으로 봄

目的 목적

지향하거나 실현하고자 하는 목표나 방향

目前 목전

눈앞

目標 목표

이루거나 도달하려는 대상이 되는 것

題目 제목

문학 작품 등에서, 그것의 내용을 보이거나 대표하는 이름

條目 조목

법률, 규정 따위에서 정해 놓은 낱낱의 조항이
나 항목

한자자격시험 5~8급

省 | 성, 생

살필, 덜

획수: **9** 부수: **目**

少[미소함] + 目
미소한 것을 눈으로 봄
의 의미

>>> 회의문자

省墓 성묘

祖上(조상)의 산소를 찾아가서 배례하고 살핌

省察 성찰

자신이 한 일을 돌이켜보고 깊이 생각함

省略 생략

글, 말 또는 일정한 절차에서 일부를 빼거나
줄임

反省 반성

자기의 잘못을 깨닫기 위하여 스스로를 돌이
켜 생각함

自省 자성

스스로 반성함

直 | 직, 치

곧을, 값

획수: **8** 부수: **目**

十 + 目 +ㄴ [감춤]
열 개의 눈으로 보니 감
출 수 없음의 뜻

>>> 회의문자

直感 직감

사물을 접촉하였을 때 순간적으로 판단하는
느낌

直視 직시

똑바로 내쏘아 봄

直言 직언

❶ 정직한 말
❷ 자기가 믿는 대로 기탄없이 말함

直通 직통

막힘이 없이 곧장 통함

愚直 우직

어리석고 고지식함

正直 정직

마음이 바르고 곧음

112

耳 귀 이

聞 들을 문, 알려질 문   耳 귀 이

한자자격시험 5~8급

聞 | 문
들을, 알려질
획수: **14** 부수: **耳**

耳 + 門(문)

>>> 형성문자

見聞 견문

보고 들음, 또는 보고 들어 얻은 지식

所聞 소문

여러 사람의 입에 오르내리며 전해 오는 말

新聞 신문

❶ 새로운 소식
❷ 새로운 보도나 비판을 전달하는 정기 간행
  물

風聞 풍문

세상에 떠도는 소문

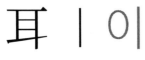

耳 | 이

귀

획수: **6**　부수: **耳**

귀의 모양을 그린 것

>>> 상형문자

耳目 이목

❶ 귀와 눈
❷ 남들의 注目(주목)

耳目口鼻 이목구비

❶ '귀, 눈, 입, 코'의 총칭
❷ 얼굴의 생김새

耳順 이순

'60세'를 뜻함

114

自

스스로 **자**

사람의 코를 그린 것인데, 뒤에 '자기', '스스로'의 의미로 가차
되었다

自 스스로 **자**

한자자격시험 5~8급

自 | 자
스스로
획수: **6** 부수: **自**

사람의 코를 그린 것인
데, 뒤에 '자기', '스스로'
의 의미로 가차되었다

>>> 상형문자

自激之心 자격지심

제가 한 일에 대하여 스스로 미흡하게 여기는
마음

自動 자동

제힘으로 움직임

自問自答 자문자답

스스로 묻고 스스로 대답함

自手成家 자수성가

자기 손으로 집안을 이룸
'스스로의 힘으로 어엿한 살림을 이룸'을 이름

自繩自縛 자승자박

자기의 줄로 자기를 묶음
'자기가 한 언행 때문에 자신이 괴로움을 당함'
을 이름

自業自得 자업자득

자기가 저지른 일의 果報(과보)를 자기 자신이
받음

自然 자연

사람의 힘을 더하지 않고서 존재하는 것

自初至終 자초지종

처음부터 끝까지

自治 자치

자기 일을 자기 스스로 다스림

自他 자타

자기와 남

自暴自棄 자포자기

절망 상태에 빠져서 자신을 버리고 돌보지
않음

自畵自讚 자화자찬

자기가 그린 그림을 자기가 칭찬함
'제가 한 일을 제 스스로 자랑함'을 이름

獨自 독자

저 혼자

面

낯 면

사람의 얼굴을 표현한 글자. 囗는 얼굴, 目은 눈을 나타낸다

面 낯 면

面 | 면

낯

획수: **9** 부수: **面**

사람의 얼굴을 표현한 글자. 囗는 얼굴, 目은 눈을 나타낸다

>>> 상형문자

面貌 면모

❶ 얼굴의 모양

❷ 사물의 겉모습

面駁 면박

마주 대하여 공박함

面接 면접

직접 대면함

面會 면회

만나 봄

地面 지면

땅의 표면. 땅바닥

體面 체면

남을 대하는 낯

116

首 머리 수

머리털이 나있는 사람의 머리를 그린 것

首 머리 수

한자자격시험 5~8급

首 | 수
머리

획수: **9** 부수: **首**

머리털이 나있는 사람
의 머리를 그린 것

>>> 상형문자

首丘初心 수구초심

고향 언덕 쪽으로 머리를 두는 마음
'고향을 그리워하는 마음'을 이름

首腦 수뇌

어떤 조직, 집단 등에서 가장 중요한 자리에
있는 인물

首都 수도

한 나라의 중앙 정부가 있는 도시

首席 수석

맨 윗자리. 일등

首位 수위

첫째가는 자리

自首 자수

죄를 지은 사람이 자진해서 그 죄를 신고함

118

心 마음 심

忄 심방변

感 느낄 감	急 급할 급	性 성품 성
心 마음 심	愛 사랑 애	意 뜻 의, 한숨쉴 희

한자자격시험 5~8급

感 | 감
느낄

획수: **13** 부수: **心**

心 + 咸(함) : (→咸의
전음이 음을 나타냄)

>>> 형성문자

感覺 감각

눈, 귀, 코, 혀, 살갗 등을 통하여 받아들이는
느낌

感慨無量 감개무량

마음에 사무치는 느낌이 한이 없음

感動 감동

깊이 느껴 마음이 움직임

感情 감정

느끼어 일어나는 심정

感之德之 감지덕지

고맙게 여기고 은혜롭게 여김

敏感 민감

감각이 예민함

急騰 급등

물가 등이 갑자기 오름

急迫 급박

형세가 급하고 매우 밭음

急錢 급전

급히 쓸 돈

急轉直下 급전직하

갑자기 바뀌어 곧바로 내려감
'사태나 정세 따위가 걷잡을 수 없이 갑자기 변함'을 이름

急行 급행

빨리 감. 급히 감

緊急 긴급

아주 중대하고도 급함

한자자격시험 5~8급

急 | 급

급할

획수: **9** 부수: **心**

心 + 及(→급: 亟의 古體(고체))

'及(급)'은 '따라붙다'의 뜻. 쫓길 때의 절박한 마음을 나타냄

>>> 형성문자

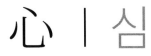

性 | 성

성품

획수: **8**　부수: **心**

忄 + 生[날 생]

타고난 성질의 뜻

>>> 회의문자

性格 성격

각 개인의 특유의 성질

性質 성질

❶ 타고난 기질

❷ 그것만이 가지고 있는 특징이나 특성

性稟 성품

사람의 타고난 성질

性向 성향

성질의 경향

理性 이성

성질 또는 암수가 서로 다름

心 | 심

마음

획수: **4**　부수: **心**

심장을 본뜬 글자

>>> 상형문자

心琴 심금

자극에 따라 미묘하게 움직이는 마음을 거문고에 비유한 말

心機一轉 심기일전

지금까지 품었던 마음 자세를 완전히 바꿈

心性 심성

본래 타고난 마음씨

心身 심신

마음과 몸

心證 심증

마음속에 갖는 확신

銘心 명심

마음에 새겨 둠

愛 | 애

사랑

획수: **13** 부수: **心**

夊 + 悉(→애: 㤅의
古字)

>>> 형성문자

愛情 애정

사랑하는 마음

愛憎 애증

사랑함과 미워함

愛之重之 애지중지

사랑하고 소중하게 여김

愛着 애착

아끼는 대상에 정이 붙어 그것에 집착함

愛好 애호

사랑하고 좋아함

博愛 박애

모든 사람을 평등하게 사랑함

意 | 의, 희

뜻, 한숨쉴

획수: **13** 부수: **心**

音(소리) + 心
말이 되기 전의 마음,
생각의 뜻

>>> 회의문자

意氣投合 의기투합

서로 마음이 맞음

意圖 의도

무엇을 이루려고 속으로 꾀함, 또는 그 계획

意思 의사

생각이나 마음

意欲 의욕

적극적으로 하고자 하는 마음

意志 의지

❶ 생각. 뜻
❷ 실행하려는 적극적인 마음가짐

自意 자의

자기의 생각이나 의견

제7장
건물 관련 부수

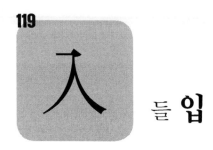

119

入 들 **입**

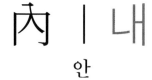

內 안내   入 들입   全 온전할 전

한자자격시험 5~8급

內 │ 내

안

획수: **4** 부수: **入**

冂 + 入

어느 범위 안으로 들어 감의 뜻

>>> 회의문자

內亂 내란

나라 안에서 일어난 반란이나 소동 따위

內紛 내분

내부에서 저희끼리 일으키는 분쟁. 內訌(내홍)

內査 내사

❶ 비공식적으로 조사함
❷ 자체에서 하는 조사

內容 내용

사물의 속내. 실속

內憂外患 내우외환

국내의 걱정스러운 사태와 외국과의 사이에 일어난 어려운 사태

內包 내포

어떤 속성을 그 자체 안에서 포함하고 있음

한자자격시험 5~8급

入 | 입

들

획수: **2** 부수: **入**

초목의 뿌리가 땅속으로 '들어가는' 모습

>>> 상형문자

入隊 입대

군대에 들어감

入門 입문

❶ 문하(門下)에 들어감
   곧, 제자가 됨
❷ 어떤 학문을 배우려고 처음 들어감

入港 입항

배가 항구에 들어옴

記入 기입

적어 넣음. 記載(기재)

沒入 몰입

어떤 일에 깊이 빠짐

流入 유입

흘러 들어옴

全 | 전

온전할

획수: **6** 부수: **入**

入 + 王 [=玉]
순수한 옥의 뜻에서
'온전하다'의 의미를 나
타냄

>>> 회의문자

全滅 전멸

모두 다 죽음

全般 전반

통틀어 모두. 전부

全燒 전소

모조리 불탐

全知全能 전지전능

모든 것을 다 알고, 모든 것에 다 능함

完全 완전

부족한 점이나 흠이 없이 두루 갖추어져 있음

120

宀 집 **면**

家 집가   室 집실   安 편안 안

한자자격시험 5~8급

家 | 가

집

획수: **10** 부수: 宀

宀[집] + 豕[돼지]
돼지 따위의 희생을 올
리는 집안의 신성한 곳
의 뜻

>>> 회의문자

家系 가계

대대로 이어 온 한 집안의 계통(系統)

家計 가계

집안 살림에 관한 수입과 지출의 상태

家産 가산

집안의 재산

家屋 가옥

사람이 사는 집

家庭 가정

한 가족을 단위로 하여 이루어진 생활 공동체

大家 대가

❶ 학문, 예술, 기술 등의 전문 분야에 조예가
   깊은 사람
❷ 대대로 번영한 집안

한자자격시험 5~8급

室 | 실
집

획수: **9** 부수: 宀

宀 + 至[이르다]
사람이 이르러 머무는
방의 뜻

>>> 회의문자

室內 실내

방 안

正室 정실

본마누라

寢室 침실

잠을 자도록 마련된 방

한자자격시험 5~8급

安 | 안
편안

획수: **6** 부수: 宀

宀 + 女[여자]
여자가 집안에 편안히
있음의 뜻

>>> 회의문자

安樂 안락

편안하고 즐거움

安否 안부

❶ 편안함과 편하지 않음
❷ 편안 여부를 묻는 인사

安貧樂道 안빈낙도

가난한 생활을 하면서도 편안한 마음으로 도
(道)를 즐김

安全 안전

아무런 위험이 없음

安住 안주

❶ 자리를 잡고 편안히 삶
❷ 현재의 상태에 만족함

121

广 집 엄

度 법도도, 헤아릴 탁

한자자격시험 5~8급

度 | 도, 탁

법도, 헤아릴

획수: **9** 부수: **广**

又 + 庶 [庶(서)의 생략형]
: (→庶의 전음이 음을
나타냄)

>>> 형성문자

度量 도량

❶ 자[尺]와 말[斗]
❷ 사물을 너그럽게 용납하여 처리할 수 있는
  포용성
❸ 헤아림. 사물의 양을 따짐

法度 법도

법률과 제도

程度 정도

❶ 알맞은 한도
❷ 얼마 가량의 분량

制度 제도

정해진 법도

態度 태도

몸가짐의 모양이나 맵시

限度 한도

일정하게 정한 정도

국어 실력으로 이어지는 수(秀) 한자: 5-8급

122

지게 **호**

所 바소

한자자격시험 5~8급

所 | 소

바

획수: **8** 부수: **戶**

斤[도끼] + 戶(호)
: (→戶의 전음이 음을
나타냄)

>>> 형성문자

所感 소감

느낀 바, 또는 느낀 생각

所見 소견

사물을 보고 가지는 생각이나 의견

所聞 소문

사람의 입에 오르내리며 전해 오는 말

所信 소신

자기가 믿는 바

所在 소재

있는 곳

住所 주소

❶ 살고 있는 곳
❷ 생활의 근거를 둔 곳

門 문 문

間 사이 간, 이간할 간　　開 열 개　　門 문 문

한자자격시험 5~8급

間 | 간
사이, 이간할
획수: **12**　부수: 門

門 + 月
間의 月이 日로 변한 것
>>> 회의문자

間隔 간격

물건과 물건이 떨어져 있는 사이

間言 간언

이간하는 말

間紙 간지

책장과 책장 사이에 끼워두는 종이

近間 근간

요사이

離間 이간

서로의 사이를 멀어지게 함

開幕 개막

무대의 막을 엶

開始 개시

시작함

開業 개업

영업을 처음 시작함

開陳 개진

내용, 의견을 진술함

開閉 개폐

엶과 닫음. 여닫음

打開 타개

얽히거나 막혀 있는 것을 헤쳐 엶

한자자격시험 5~8급

開 | 개

열

획수: **12** 부수: **門**

門 + 廾(견)

'廾'은 양손의 상형문
자. 문을 양손으로 열다
의 뜻

>>> 회의문자

한자자격시험 5~8급

門 | 문

문

획수: **8** 부수: **門**

문의 두 짝이 닫힌 모습

>>> 상형문자

門外漢 문외한

그 일에 관계가 없거나 전문적인 지식이 없는
사람

門前成市 문전성시

문 앞이 저자를 이룸
'방문하는 사람이 많음'의 비유

門下 문하

스승의 집. 스승의 밑

169

同門 동문

한 스승에게서 같이 배운 제자, 또는 같은 학
교의 출신자

名門 명문

❶ 문벌이 좋은 집안
❷ 이름난 학교

專門 전문

어떤 한 가지 일을 오로지함, 또는 그 일

高 높을 **고**

高 높을 고

한자자격시험 5~8급

高 | 고

높을

획수: **10** 부수: **高**

높은 건물의 형상을 그린 것

>>> 상형문자

高價 고가

비싼 값, 또는 값이 비쌈

高見 고견

❶ 훌륭한 의견

❷ '남의 의견'의 높임말

高談峻論 고담준론

고상하고 준엄한 언론

高手 고수

수가 높음, 또는 그런 사람

高低 고저

높고 낮음. 높낮이

崇高 숭고

거룩하고 고상함

제8장
무기 관련 부수

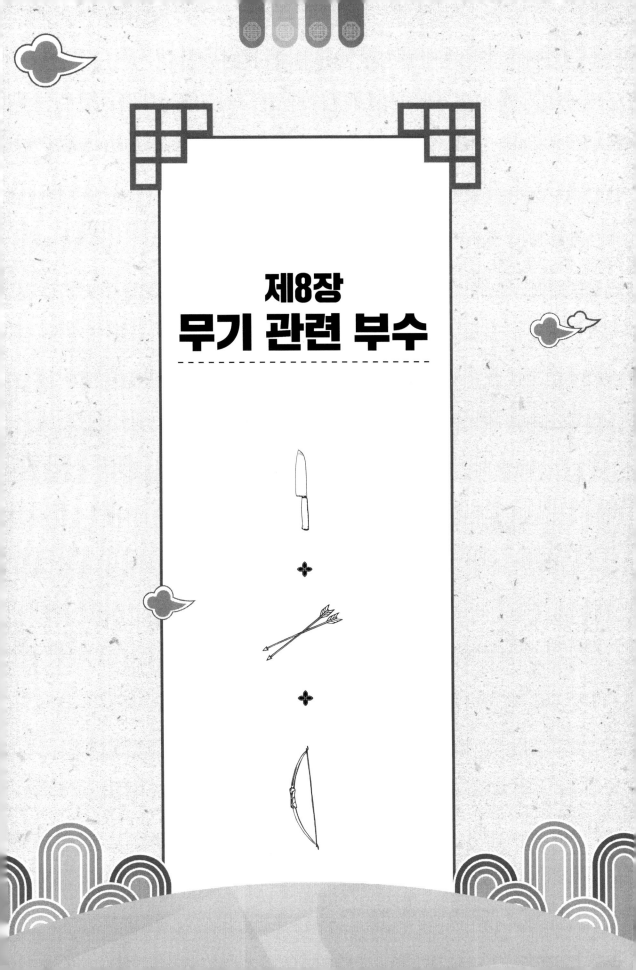

칼 **도**　　 선칼 **도**

칼의 모양을 그린 것

| 刀 칼 도 | 利 이로울 리 | 別 다를 별 |
| 分 나눌 분, 분수 분 | 前 앞 전 | |

한자자격시험 5~8급

刀 | 도

칼

획수: **2**　부수: **刀**

刀(도)

>>> 상형문자

短刀 단도

짤막한 칼

執刀 집도

❶ 칼을 잡음
❷ 수술 등을 위하여 메스를 잡음

국어 실력으로 이어지는 수(秀) 한자: 5-8급

利權 이권

이익을 얻게 되는 권리

利用 이용

물건을 이롭게 씀

利益 이익

❶ 이롭고 유익한 일
❷ 물질적으로 수입이 생기는 일

利子 이자

돈을 빌려 쓴 대가로 무는 일정한 비율의 돈

銳利 예리

칼날, 감각 따위가 날카로움

便利 편리

편하고 이로움

利 | 리

이로울

획수: **7** 부수: **刀**

禾[벼 화] + 刂

>>> 회의문자

別 | 별

다를

획수: **7** 부수: **刀**

骨[뼈] + 刂
뼈와 살이 갈라놓음의
뜻. 즉, 물건을 나눔의
의미

>>> 회의문자

別個 별개

딴 것

別居 별거

따로 떨어져 삶

別味 별미

별다른 맛 또는 음식

別稱 별칭

달리 부르는 이름

區別 구별

종류에 따라 나눠 놓음

離別 이별

서로 헤어짐

分 | 분

나눌, 분수

획수: **4** 부수: **刀**

刀 + 八[나눔]
나눔의 뜻

>>> 회의문자

分家 분가

가족의 일부가 딴 집으로 나가 딴살림을 차림

分斷 분단

끊어서 동강을 냄, 또는 두 동강이 남

分明 분명

흐릿하지 않고 또렷함

分散 분산

갈라져 흩어짐

過分 과분

분수에 넘침

職分 직분

마땅히 하여야 할 본분

한자자격시험 5~8급

前 | 전

앞

획수: **9** 부수: **刀**

刂 + 歬(전)

>>> 형성문자

前科 선과

이전에 받은 형벌

前代未聞 전대미문

지금까지 들어 본 적이 없음

前提 전제

무슨 일이 이루어지기 위하여 선행(先行)되는 조건

前兆 전조

미리 나타나 보이는 조짐

前後 전후

❶ 앞뒤

❷ 먼저와 나중

目前 목전

❶ 눈앞

❷ 지금 당장

127

比 비수 **비**

北 북녘 북, 달아날 배

한자자격시험 5~8급

北 | 북, 배

북녘, 달아날

획수: **5** 부수: **匕**

丬 + 匕

사람이 서로 등지고 있
는 모양에서 배반의 뜻.
남쪽의 반대라는 의미
에서 북쪽을 의미함

>>> 회의문자

北極 북극

지구(地球)의 북쪽 끝

北斗七星 북두칠성

북쪽 하늘에서 보이는, 국자 모양의 일곱
개 별

北緯 북위

적도 이북의 위도(緯度)

敗北 패배

❶ 싸움에 짐
❷ 패하여 달아남

128

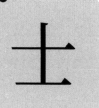

土 선비 **사**

土 선비 **사**

土 선비 **사**

한자자격시험 5~8급

土 | 사
선비
획수: **3**   부수: **土**

一(일)과 十(십)의 합자.
하나를 듣고 열을 아는
뛰어난 사람의 뜻

>>> 회의문자

士農工商 사농공상

'선비, 농부, 장인, 상인'의 총칭

士大夫 사대부

벼슬자리에 있는 사람을 평민에 상대하여 이
르던 말

士林 사림

유학(儒學)을 공부하는 학자들, 또는 그들의
사회

士兵 사병

'하사관(下士官) 이하의 군인'의 총칭

軍士 군사

군대에서 장교의 지휘를 받는 군인

勇士 용사

용기가 있는 사람

129

방패 **간**

年 해 년	幸 다행 행

한자자격시험 5~8급

年 | 년

해

획수: **6** 부수: **干**

人[사람] + 禾[벼 화]
사람이 벼[禾]를 짊어
진 모습. 벼가 익어 베
어냈으므로 한 해의 수
확을 뜻함

>>> 회의문자

年鑑 연감

한 해 동안에 일어난 여러 가지 일이나 기록
을 모아 한 해에 한 번씩 내는 간행물

年金 연금

국가, 단체에서 개인에게 일정 기간 동안 해마
다 지급하는 일정액의 돈

年例 연례

해마다 하는 관례(慣例)

年譜 연보

어떤 사람의 한평생의 행적을 연대순으로 적
은 기록

靑年 청년

젊은이

豊年 풍년

곡식의 소출이 평년보다 많은 해

幸 | 행

다행

획수: **8** 부수: **干**

쇠고랑의 상형문자. 쇠
고랑을 면하여 다행이
라는 의미

>>> 상형문자

幸福 행복

만족하여 부족함이나 불만이 없는 상태

幸運 행운

좋은 운수

多幸 다행

뜻밖에 잘되어 좋음

不幸 불행

행복하지 못함

130

주살 **익**

式 법식

한자자격시험 5~8급

式 | 식

법

획수: **6** 부수: **弋**

工 + 弋(익) : (→弋의
전음이 음을 나타냄)

>>> 형성문자

式辭 식사

식장에서 인사로 하는 말이나 글

式場 식장

의식을 행하는 장소

樣式 양식

문서 따위의 일정한 모양과 형식

儀式 의식

의례를 갖춰 베푸는 행사

形式 형식

❶ 격식, 절차
❷ 겉모양

131

활 **궁**

強 강할 **강**, 힘쓸 **강**　　弱 약할 **약**　　弟 아우 **제**

한자자격시험 5~8급

強 │ 강

강할, 힘쓸

획수: **11**　부수: **弓**

虫을 바탕으로 '弘(홍)'
의 전음이 음을 나타냄

>>> 형성문자

強要 강요

강제로 시키거나 무리하게 요구함

強制 강제

본인의 의사를 무시하고 우격으로 따르게 함

強奪 강탈

폭력을 써서 빼앗음

富強 부강

부유하고 강력함

列強 열강

국제적으로 큰 역할을 맡은 강대한 몇몇 나라

自強不息 자강불식

스스로 힘쓰며 쉬지 않음

弱 | 약

약할

획수: **10** 부수: **弓**

구부러진 활의 모양과 彡[깃]의 합자

>>> 회의문자

弱冠 약관
남자의 나이 20세, 또는 20세 전후의 나이

弱勢 약세
약한 세력

弱肉強食 약육강식
약한 것이 강한 것에 먹힘. '생존경쟁의 격렬함'을 이름

弱點 약점
부족하거나 불완전한 점

軟弱 연약
몸이 약하고 의지(意志)가 굳지 못함

脆弱 취약
무르고 약함

弟 | 제

아우

획수: **7** 부수: **弓**

새를 잡는 화살인 주살[弋(익)]을 끈[弓]으로 묶은 모양. 주살을 끈으로 묶는 것도 순서가 있다는 의미에서 '차례, 순서'라는 의미가 되었고, 다시 '형제'라는 뜻이 파생되었다

>>> 회의문자

弟嫂 제수
아우의 아내

弟子 제자
스승의 가르침을 받았거나 받는 사람

師弟 사제
스승과 제자

兄弟 형제
형과 아우

戈 창 과

成 이룰 성

成 | 성
이룰
획수: **7** 부수: **戈**

戊 + 丁(정) : (→丁의
전음이 음을 나타냄)

>>> 형성문자

成人 성인

자라서 어른이 된 사람

成長 성장

생물이 자라거나, 규모가 커짐

成績 성적

❶ 나타난 일의 결과
❷ 학생들의 학업, 시험의 결과

成就 성취

일을 목적대로 이룸

成敗 성패

성공과 실패

完成 완성

완전히 다 이룸

133

斤 도끼 **근**

新 새 신

新 | 신

새

획수: **13** 부수: **斤**

斤 + 亲(신)

>>> 형성문자

新年 신년

새해

新設 신설

새로 설치함

新築 신축

새로 건축함

新婚 신혼

갓 결혼함

最新 최신

가장 새로움

革新 혁신

고쳐 새롭게 함

135

矢 화살 시

短 짧을 단

短 | 단

짧을

획수: **12** 부수: **矢**

矢 + 豆(두) : (→豆의
전음이 음을 나타냄)

>>> 형성문자

短文 단문

짧은 글

短命 단명

목숨이 짧음

短身 단신

키가 작은 몸

短點 단점

흠이 되거나 모자라는 점

短縮 단축

짧게 줄임

長短 장단

길과 짧음

137

車 수레 **거, 차**

車 수레 **거, 차**   軍 군사 군

한자자격시험 5~8급

車 | 거, 차

수레

획수: **7** 부수: **車**

수레의 모양을 본뜸

>>> 상형문자

車輛 차량

❶ '수레'의 총칭

❷ 연결된 열차의 한 칸

車窓 차창

차에 달린 창문

停車 정차

차가 멎음

駐車 주차

자동차를 세워 둠

軍 | 군

군사

획수: **9**   부수: **車**

宀[=勹(에워쌈)] + 車
'車'는 전차의 뜻. 전차
로 포위하는 모양에서
군대, 전쟁의 뜻을 나
타냄

>>> 회의문자

軍隊 군대

일정한 규율과 질서 아래 편제된 군인의 집단

軍糧 군량

군대의 양식

軍備 군비

국방상의 군사 설비

軍政 군정

전시(戰時)나 사변 때에 군대의 힘에 의하여 행
하는 정치

援軍 원군

도와주는 군대

從軍 종군

부대를 따라 싸움터에 감

제9장
그릇 관련 부수

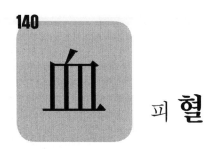

140

血 피 **혈**

血 피 **혈**

한자자격시험 5~8급

血 | 혈

피

획수: **6**   부수: **血**

皿[그릇] 위에 丿[피]가
들어 있음을 나타냄

>>> 지사문자

血氣 혈기

격동하기 쉬운 의기

血壓 혈압

혈관 안의 혈액이 혈관에 주는 압력

血緣 혈연

같은 핏줄로 맺어진 인연이나 관계

血肉 혈육

❶ 피와 살
❷ 부모와 자식, 형제자매 등의 가까운 혈족

血鬪 혈투

죽기를 각오하고 덤벼드는 싸움

出血 출혈

❶ 피가 나옴
❷ '손해나 희생'의 비유

143

食

밥 **식**

음식을 담은 그릇의 의미

食 밥 식, 먹일 사	飮 마실 음

食 | 식, 사

밥, 먹일

획수: **9** 부수: **食**

음식을 담은 그릇의 의미

>>> 상형문자

食口 식구

같은 집에서 끼니를 함께 하며 사는 사람

食事 식사

끼니로 음식을 먹는 일

食慾 식욕

음식을 먹고 싶은 욕구

食用 식용

먹을 것으로 씀

飮食 음식

먹고 마시는 것

飽食 포식

배불리 먹음

飮 | 음

마실

획수: **13** 부수: **食**

食 + 欠(흠)
입을 벌리고[欠] 음식
물을 먹는다[食]는 뜻

>>> 회의문자

飮毒 음독

독약을 먹음

飮料 음료

'마실 것'의 총칭

飮食 음식

먹고 마시는 것

飮酒 음주

술을 마심

過飮 과음

술을 과하게 마심

試飮 시음

맛보기 위하여 시험 삼아 마셔 봄

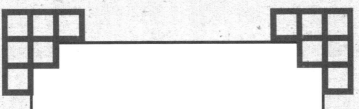

제10장
기물 관련 부수

147

力

힘 **력**

팔에 힘을 주었을 때 근육이 불거진 모양

功 공공	力 힘력
勝 이길승	勇 날랠용

한자자격시험 5~8급

功 ― 공
공

획수: **5** 부수: **力**

力 + 工(공)

>>> 형성문자

功過 공과

공로와 과오

功德 공덕

공적과 덕행

功勞 공로

일에 애쓴 공적

武功 무공

전쟁에서 세운 공적

力量 역량

일을 해낼 수 있는 힘의 정도

力說 역설

힘써 주장함

力作 역작

애써 지은 작품

力點 역점

힘을 많이 들이는 주안점(主眼點)

能力 능력

일을 해낼 수 있는 힘

魅力 매력

남의 마음을 끌어 호리는 이상한 힘

力 | 력

힘

획수: **2** 부수: **力**

팔에 힘을 주었을 때 근육이 불거진 모양

>>> 상형문자

勝 | 승

이길

획수: **12** 부수: **力**

力 + 朕(짐)
朕(짐)은 '위를 향하여 올리다'의 뜻. 파생하여 '이기다'의 의미를 나타냄

>>> 회의문자

勝機 승기

이길 수 있는 기회

勝算 승산

이길 가망

勝訴 승소

소송(訴訟)에서 이김

197

勝敗 승패

이김과 짐

決勝 결승

마지막 승부를 결정함

壓勝 압승

압도적으로 이김

勇 | 용

날랠

획수: **9** 부수: **力**

力 + 甬(용)

>>> 형성문자

勇氣 용기

씩씩하고 굳센 기운

勇斷 용단

용기 있게 결단함

勇猛 용맹

날래고 사나움

勇士 용사

❶ 용감한 병사
❷ 용기가 있는 사람

勇退 용퇴

용기 있게 물러남
벼슬 등을 선선히 그만둠

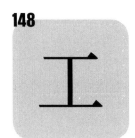

工 장인 공

옛날 사람들이 사각형을 그릴 때 쓰던 도구를 그린 것

| 工 장인 공 | 左 왼 좌 |

한자자격시험 5~8급

工 | 공
장인
획수: **3** 부수: **工**
工(공)

>>> 상형문자

工具 공구

일에 쓰이는 도구

工事 공사

토목(土木)이나 건축(建築) 등에 관한 일

工業 공업

원료를 가공하여 쓸 만한 물건을 만들어내는 산업

工藝 공예

조형미를 갖춘 물건을 만드는 재주와 기술

人工 인공

사람의 힘으로 자연물과 똑같거나 전혀 새로운 것을 만들어 내는 일

竣工 준공

공사를 마침

左 | 좌

왼

획수: **5** 부수: **工**

왼손을 그린 것이다

>>> 상형문자

左顧右眄 좌고우면

왼쪽으로 돌아보고 오른쪽으로 곁눈질함
'앞뒤를 재고 망설임'의 뜻

左腕 좌완

왼팔

左右 좌우

❶ 왼쪽과 오른쪽
❷ 곁

左遷 좌천

왼쪽으로 옮김
'직위가 아래로 떨어짐'의 뜻

己 몸 기

己 | 기

몸

획수: **3** 부수: **己**

己(기)

>>> 상형문자

自己 자기

그 사람 자신

知己 지기

자기를 잘 알아주는 친구

150

巾 수건 **건**

앞치마, 수건 따위의 천의 모양을 그린 것

巾 수건 건　　　席 자리 석　　　市 저자 시

한자자격시험 5~8급

巾 | 건

수건

획수: **3**　부수: **巾**

巾(건)

>>> 상형문자

頭巾 두건

상제나 복인(服人)이 머리에 쓰는, 삼베로 만든 쓰개

手巾 수건

손, 얼굴 등을 닦거나 머리에 쓰기도 하는 천 조각

席 | 석

자리

획수: **10** 부수: **巾**

巾 + 庶(서)
'庶'는 藉(자)와 통하여
풀을 엮은 '깔개'의 뜻

>>> 형성문자

席藁待罪 석고대죄

거적을 깔고 엎드려 처벌을 기다림

首席 수석

석차의 제1위

座席 좌석

앉는 자리

着席 착석

자리에 앉음

出席 출석

어떤 자리에 참석함

市 | 시

저자

획수: **5** 부수: **巾**

冂[경계] + 乀[及의 옛
글자] + 屮[之 갈 지]

>>> 회의문자

市價 시가

상품이 시장에서 매매되는 값

市街 시가

도시의 큰 길거리

市民 시민

도시의 주민

市場 시장

여러 가지 상품을 매매(賣買)하는 곳

撤市 철시

시장을 파하고 장사를 하지 않음

152

方

모 **방**

뱃머리를 연결한 두 척의 배를 그린 모양. 전하여 방향의 뜻이 됨

方 모방	族 겨레족

方 | 방

모

획수: **4** 부수: **方**

方(방)

>>> 상형문자

方法 방법

일정한 목적을 달성하려고 취하는 수단

方式 방식

일정한 형식이나 방법

方位 방위

동서남북을 기준으로 하여 정한 방향

方向 방향

향하거나 나아가는 쪽

近方 근방

가까운 곳

處方 처방

병의 증세에 따라 약재를 배합하는 방법

族 | 족

한자자격시험 5~8급

겨레

획수: **11** 부수: **方**

㫃[깃발] + 矢[화살]
군기 아래에 화살이 모이다의 뜻. 전하여 같은 종류의 것이 모임을 나타냄

>>> 회의문자

族閥 족벌

큰 세력을 가진 문벌의 일족(一族)

族譜 족보

한 집안의 계통과 혈통 관계를 적어 놓은 책

民族 민족

인종적, 지역적 기원이 같고, 문화의 전통과 역사적 운명을 같이하는 사람의 집단

種族 종족

조상, 언어, 풍습이 같은 사회 집단

親族 친족

촌수가 가까운 거레붙이

 구슬 옥    구슬옥변

| 理 다스릴 리 | 玉 옥 옥 | 王 임금 왕 |

한자자격시험 5~8급

理 | 리
다스릴
획수: **11** 부수: **玉**

王 + 里(리)

>>> 형성문자

理論 이론

사물, 현상을 설명할 수 있는 보편적 지식 체계

理想 이상

사물의 가장 완전한 상태나 모습

理性 이성

사물의 이치를 논리적으로 생각하고 판단하는 마음의 작용

理解 이해

사리를 분별하여 잘 앎

論理 논리

의론, 사고 따위를 끌고 나가는 조리

道理 도리

사람이 지켜야 할 바른길

玉 | 옥

한자자격시험 5~8급

옥

획수: **5** 부수: **玉**

구슬 세 개[三]를 나란 히 엮어 놓은[丨] 모양 을 그린 것

>>> 상형문자

玉童子 옥동자

옥같이 예쁜 어린 아들. 몹시 소중한 아들

玉璽 옥새

임금의 도장

玉石 옥석

❶ 옥과 돌
❷ 좋은 것과 나쁜 것

玉座 옥좌

임금이 앉는 자리

王 | 왕

한자자격시험 5~8급

임금

획수: **4** 부수: **玉**

고대 중국에서 지배권의 상징으로 쓰인 큰 도끼 의 상형문자. '임금'의 뜻 을 나타냄

>>> 상형문자

王道 왕도

❶ 임금으로서 지켜야 할 도리
❷ 도덕으로써 천하를 다스리는 정치 방법

王座 왕좌

❶ 임금이 앉는 자리
❷ 으뜸가는 자리

王后 왕후

임금의 아내

君王 군왕

임금

156

用 쓸 용

거북이의 등판을 그린 글자. '점치다'의 의미에서 전하여 '쓰다'의 의미가 되었다

用 쓸용

한자자격시험 5~8급

用 | 용

쓸

획수: **5** 부수: **用**

用(용)

>>> 상형문자

用例 용례

전부터 써 온 사례

用語 용어

사용하는 말

用意周到 용의주도

마음의 준비가 두루 미쳐 빈틈이 없음

登用 등용

인재를 뽑아서 씀

作用 작용

어떤 현상이나 행동을 일으킴, 또는 그 현상이나 행동

重用 중용

중요한 자리에 임명하여 부림

돌 석

厂[절벽] 아래에 있는 口[돌]을 그린 것

石 돌 석

石 | 석

돌

획수: **5**　부수: **石**

石(석)

>>> 상형문자

石工 석공

돌을 다루어 물건을 만드는 사람

石器 석기

돌로 만든 여러 기구

石像 석상

돌을 조각하여 만든 형상

石材 석재

토목, 건축, 조각 따위의 재료로 쓰이는 돌

壽石 수석

모양이나 빛깔, 무늬 등이 묘하고 아름다운 돌

採石 채석

석재(石材)를 떠냄

158

示 보일 **시**

禮 예 **례**　　示 보일 **시**　　神 귀신 **신**　　祖 할아비 **조**

한자자격시험 5~8급

禮 | 례
예

획수: **18**　부수: **示**

示[신] + 豊[제물을 제기에 담은 모양]
신전에 제물을 차려 경의를 나타냄의 뜻

>>> 회의문자

禮拜 예배

신이나 부처 앞에 경배(敬拜)하는 의식

禮遇 예우

예로써 대우함

禮儀 예의

예절과 몸가짐

禮節 예절

예의와 법도에 맞는 절차

缺禮 결례

예의범절에 벗어나

謝禮 사례

고마운 뜻을 나타내는 인사

示範 시범

모범을 보여 줌

示唆 시사

미리 암시하여 알림

揭示 게시

써서 내붙이거나 내걸어 보여 줌

暗示 암시

넌지시 깨우쳐 줌

表示 표시

겉으로 드러내어 보임

示 | 시

보일

획수: **5** 부수: **示**

示(시)

>>> 상형문자

神靈 신령

❶ 죽은 사람의 혼
❷ 모든 신
❸ 신통하고 영묘함

神祕 신비

불가사의하고 영묘(靈妙)한 비밀

神仙 신선

속세를 떠나 깊은 선경(仙境)에 살며, 불로장생(不老長生)한다고 하는 상상의 사람

神出鬼沒 신출귀몰

귀신같이 홀연히 나타났다 사라졌다 함

神 | 신

귀신

획수: **10** 부수: **示**

示 + 申(신)

>>> 형성문자

鬼神 귀신

사람이 죽은 뒤에 남는다고 하는 넋

精神 정신

사고나 감정의 작용을 일으키는 인간의 마음

祖國 조국

조상 적부터 살던 나라
자기가 태어난 나라

祖上 조상

같은 혈통으로 된, 할아버지 이상의 대대의
어른

先祖 선조

한집안의 조상

始祖 시조

한 겨레의 처음이 되는 조상

元祖 원조

❶ 맨 처음 조상
❷ 어떤 일을 처음 시작한 사람

한자자격시험 5~8급

祖 | 조
할아비

획수: **10** 부수: **示**

示 + 且(조)
고기를 얹어놓은 제기
를 본뜬 것. 제물을 바
쳐 제사지내는 조상의
뜻을 나타냄

>>> 형성문자

161

衣 옷 의   衤 옷의변

옷을 입고 깃을 여민 모습을 그린 글자

衣 옷 의, 입을 의   表 겉 표

衣 | 의

옷, 입을

획수: **6** 부수: **衣**

衣(의)

>>> 상형문자

衣類 의류

'옷'의 총칭

衣服 의복

옷

衣裳 의상

❶ 저고리와 치마. 상의와 하의

❷ 옷

衣食 의식

의복과 음식

白衣 백의

❶ 흰옷

❷ 벼슬이 없는 선비

한자자격시험 5~8급

表 ｜ 丑

겉

획수: **8**　부수: **衣**

衣 + 毛

모피털이 있는 쪽을 겉
으로 하여 입는다는 의
미

>>>회의문자

表裏不同 표리부동

겉과 속이 같지 않음
속 다르고 겉 다름

表明 표명

드러내어 명백히 함

表示 표시

겉으로 드러내어 보임

表現 표현

의견, 감정 따위를 드러내어 나타냄

圖表 도표

그림으로 그리어 나타내는 표

發表 발표

여러 사람 앞에서 의견이나 생각을 진술함

辰 별 **진**

農 농사 **농**

한자자격시험 5~8급

農 | 농

농사

획수: **13** 부수: **辰**

林 + 辰

'林(림)'은 숲, '辰(진)'은 조개를 본뜬 것. 돌이나 조가비로 만든 농구로 땅을 갈다의 뜻을 나타냄

>>>회의문자

農耕 농경

❶ 논밭을 갊

❷ 농사를 지음, 또는 농사

農夫 농부

농업에 종사하는 사람

農業 농업

땅을 이용하여 유용한 동식물을 재배하거나 기르는 산업

農場 농장

농사지을 땅과 여러 시설을 갖춘 곳

富農 부농

생활이 넉넉한 농가 또는 농민

164

金 쇠금

금을 만드는 용광로를 그린 모습

金 쇠금	銀 은은

한자자격시험 5~8급

金 | 금

쇠

획수: **8** 부수: **金**

金(금)

>>> 상형문자

金科玉條 금과옥조

금옥(金玉)과 같이 훌륭한 과조(科條)
'귀중한 법률, 또는 절대적으로 여기는 교훈이
나 규칙'을 이름

金蘭之交 금란지교

금처럼 단단하고 난초처럼 향기로운 사귐
'절친한 사귐'을 이름

金利 금리

대출금, 예금 등에 붙는 이자

金城湯池 금성탕지

쇠로 쌓은 성과 끓는 물이 차 있는 해자
'아주 견고한 성'을 이름

국어 실력으로 이어지는 수(秀) 한자: 5-8급

金融 금융

돈의 융통

金字塔 금자탑

'金'자 모양의 탑
'후세에까지 빛날 훌륭한 업적'의 비유

金枝玉葉 금지옥엽

금 같은 가지와 옥 같은 잎
'임금의 자손', 또는 '귀여운 자손'의 비유

金品 금품

돈과 물품

한자자격시험 5~8급

銀 | 은

은

획수: **14** 부수: **金**

金 + 艮(간) : (→艮의
전음이 음을 나타냄)

>>> 형성문자

銀幕 은막

❶ 영화의 영사막(映寫幕)
❷ '영화계'를 이름

銀髮 은발

은백색 머리털

銀粧刀 은장도

칼집과 칼자루를 은으로 꾸민, 장식용의 칼

銀貨 은화

은으로 만든 화폐

黃

누를 **황**

가을에 벼를 수확하여 묶은 모습으로, 여기서 '황색'의 뜻이 나왔다

黃 누를황

한자자격시험 5~8급

黃 | 황

누를

획수: **12** 부수: **黃**

黃(황)

>>> 상형문자

黃金 황금

❶ 금
❷ 돈, 재물

黃泉 황천

저승

黃土 황토

누르고 거무스름한 흙

黃昏 황혼

❶ 해가 져서 어둑어둑할 무렵
❷ '종말에 이른 때'의 비유

糸 실 **사**

| 綠 푸를 록 | 線 줄 선 |

한자자격시험 5~8급

綠 | 록

푸를

획수: **14** 부수: **糸**

糸 + 彔(록)

>>> 형성문자

綠豆 녹두

팥의 변종
열매가 잘고 빛이 푸름

綠陰芳草 녹음방초

푸르게 우거진 나무 그늘과 향기로운 풀
'여름철의 경치'를 이름

常綠樹 상록수

사철 푸른 나무

新綠 신록

초여름에 새로 나온 잎들이 띤 연한 초록색

線 | 선

줄

획수: **15** 부수: **糸**

糸 + 泉(천) : (→泉의
전음이 음을 나타냄)

>>> 형성문자

線路 선로

❶ 가늘고 긴 길
❷ 기차나 전차의 궤도(軌道)

線分 선분

직선 위의 두 점 사이에 한정된 부분

點線 점선

줄지어 찍은 점으로써 이루어진 선

176

덮을 **아**

西 서녘 서

西 | 서
서녘

획수: **6** 부수: **西**

본래 새의 둥지를 그린 것인데, 뒤에 '서쪽'이라는 의미로 가차되었다

>>> 상형문자

西歐 서구

서부 유럽의 여러 나라

西紀 서기

예수가 태어난 해를 원년(元年)으로 삼는 서력의 기원

西曆 서력

서양의 책력(冊曆)

西域 서역

지난날, 중국 서쪽에 있던 나라를 통틀어 일컫던 말

西風 서풍

❶ 서쪽에서 불어오는 바람
❷ 가을바람.

제11장
자연물 관련 부수

179

얼음 **빙**

冬 겨울동

冬 | 동

겨울

획수: **5** 부수: 冫

夂[終[마칠 종]의 옛글자] + 冫(→사계절의 마지막이고, 얼음이 어는 추운 때의 의미)

>>> 회의문자

冬季 동계

겨울철

冬眠 동면

동물이 땅속이나 물속에서 겨울동안 활동을 멈추고 잠자는 상태에 있는 일

冬至 동지

이십사절기의 하나. 대설(大雪)과 소한(小寒) 사이로, 12월 22일경

越冬 월동

겨울을 넘김

立冬 입동

이십사절기의 하나. 상강(霜降)과 소설(小雪) 사이로, 11월 8일경

180

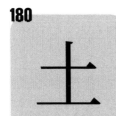

흙 **土**

堂	집당	場	마당장	在	있을재
地	땅지	土	흙토		

堂 | 당

집

획수: **11** 부수: **土**

土 + 尙(상) : (→尙의
전음이 음을 나타냄)

>>> 형성문자

堂堂 당당

매우 의젓하고 떳떳함

明堂 명당

좋은 집터나 묏자리

殿堂 전당

❶ 신불(神佛)을 모시는 집
❷ 가장 권위 있는 기관

場 | 장

마당

획수: **12** 부수: **土**

土 + 昜(양) : (→昜의 전음이 음을 나타냄)

>>> 형성문자

場面 장면

어떤 장소에서 벌어진 광경(光景)

場所 장소

자리, 곳

廣場 광장

넓은 곳

登場 등장

무대나 장면에 나옴

在 | 재

있을

획수: **6** 부수: **土**

土 + 才(재)

>>> 형성문자

在京 재경

서울에 머물러 있음

在野 재야

초야(草野)에 있음
'벼슬하지 않고 민간에 있음'을 이름

在職 재직

직장에 근무하고 있음

所在 소재

있는 곳

存在 존재

실제로 있음, 또는 있는 그것

국어 실력으로 이어지는 수(秀) 한자: 5-8급

地 | 지

땅

획수: **6** 부수: **土**

土 + 也(야) : (→也의 전음이 음을 나타냄)

>>> 형성문자

地名 지명

땅의 이름

地位 지위

사회적 신분에 따라 개인이 차지하는 자리나 계급

地下 지하

땅속

處地 처지

처해 있는 형편

宅地 택지

주택을 짓기 위한 땅

土 | 토

흙

획수: **3** 부수: **土**

흙더미를 그린 것

>>> 상형문자

土臺 토대

❶ 흙으로 쌓은 대
❷ 건조물의 밑바탕
❸ 사물의 바탕이 되는 기초

土砂 토사

흙과 모래

土壤 토양

❶ 흙
❷ 농작물을 자라게 하는 흙

土着 토착

대(代)를 이어 그 땅에 자리 잡고 삶

國土 국토

나라의 땅

181

夕 저녁 **석**

多 많을 **다** 夕 저녁 **석** 夜 밤 **야** 外 바깥 **외**

한자자격시험 5~8급

多 | 다

많을

획수: **6** 부수: **夕**

夕 + 夕

夕을 둘 겹쳐 일수(日數)가 '많음'을 나타냄

>>> 회의문자

多多益善 다다익선

많으면 많을수록 좋음

多事多難 다사다난

일도 많고 어려움도 많음

多樣 다양

모양, 종류가 많음

多才多能 다재다능

재주가 많아 여러 가지에 능함

多情多感 다정다감

생각과 느낌이 섬세하고 풍부함

過多 과다

지나치게 많음

한자자격시험 5~8급

夕 | 석

저녁

획수: **3** 부수: **夕**

月[달]에서 한 획을 줄여서 달이 뜨려고 할 무렵, 저녁을 나타냄

>>> 지사문자

夕刊 석간

저녁때 배달되는 신문

夕陽 석양

❶ 저녁 해

❷ 저녁나절

朝夕 조석

아침과 저녁

한자자격시험 5~8급

夜 | 야

밤

획수: **8** 부수: **夕**

夕 + 亦(역) : (→亦의 전음이 음을 나타냄)

>>> 형성문자

夜景 야경

밤의 경치

夜勤 야근

밤에 근무함

夜深 야심

밤이 깊음

徹夜 철야

밤을 새움

국어 실력으로 이어지는 수(秀) 한자: 5-8급

外 | 외

한자자격시험 5~8급

바깥

획수: **5** 부수: **夕**

卜 + 夕[月(월)] (→'夕(석)'은 '月(월)'의 변형) '月'은 朋(월)과 통하여 '긁어내다'의 뜻. 점을 치기 위해 거북이 등딱지 '바깥'을 긁어냄

>>> 형성문자

外界 외계

❶ 사람, 사물을 둘러싸고 있는 모든 것
❷ 지구 밖의 세계

外交 외교

외국과의 교제

外貌 외모

겉에 나타난 모습

外遊 외유

외국을 여행함

外貨 외화

외국의 화폐

場外 장외

일정한 장소의 바깥

小

작을 **소**

작은 점 세 개로 작음을 나타냄

小 작을소	少 젊을소, 적을소

한자자격시험 5~8급

小 | 소

작을

획수: **3**   부수: **小**

小(소)

>>> 상형문자

小賣 소매

낱개로 파는 일

小心 소심

❶ 도량이 좁음
❷ 대담하지 못하고 겁이 많음

小兒 소아

어린아이

縮小 축소

규모를 줄여 작게 함

狹小 협소

좁고 작음

少 | 소

젊을, 적을

획수: **4** 부수: **小**

작은 점의 상형문자로
'적다'의 뜻

>>> 상형문자

少量 소량

적은 분량

少額 소액

적은 금액

僅少 근소

아주 적음

年少 연소

나이가 어림, 또는 젊음

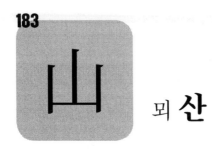

183

뫼 **산**

봉우리가 셋인 산을 그린 것

山 뫼 산

한자자격시험 5~8급

山 | 산

뫼

획수: **3** 부수: **山**

山(산)

>>> 상형문자

山林 산림

❶ 산과 숲. 산에 있는 숲
❷ 초야(草野)에 묻혀 사는 학식이 높은 선비

山脈 산맥

많은 산들이 길게 이어져 줄기 모양을 하고 있는 산지

山所 산소

❶ 무덤
❷ 조상의 무덤이 있는 곳

山積 산적

산더미처럼 쌓임, 또는 산더미처럼 쌓음

山川草木 산천초목

산과 내와 풀과 나무
'자연'을 이름

개미허리

내 **천**

川 내 천

한자자격시험 5~8급

川 | 천

내

획수: **3** 부수: 巛

물이 흘러 내려가는 모습을 그린 것

>>> 상형문자

山川 산천

❶ 산과 내

❷ 자연

河川 하천

시내. 강

235

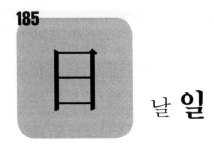

185

日 날 **일**

明 밝을 **명**	時 때 **시**	日 날 **일**
昨 어제 **작**	晝 낮 **주**	春 봄 **춘**

한자자격시험 5~8급

明 | 명

밝을

획수: **8** 부수: **日**

日 + 月

>>> 회의문자

明鏡止水 명경지수

맑은 거울과 고요한 물
'맑고 고요한 심경(心境)'의 비유

明瞭 명료

분명하고 똑똑함

明暗 명암

밝음과 어두움

明若觀火 명약관화

불빛을 보는 것과 같이 뚜렷함
'더 말할 나위 없이 명백함'을 이름

국어 실력으로 이어지는 수(秀) 한자: 5-8급

明確 명확

분명하고 확실함

分明 분명

흐리지 않고 또렷함

時局 시국

나라나 사회 안팎의 사정

時急 시급

시간적으로 몹시 급함

時機尙早 시기상조

때가 아직 이름

時代 시대

역사적 특징으로 구분한 일정한 기간, 또는 어떤 길이를 지닌 연월(年月)

時時刻刻 시시각각

❶ 지나가는 시각
❷ 시각마다

時點 시점

시간의 흐름 위의 어떤 한 점

한자자격시험 5~8급

時 | 시

때

획수: **10** 부수: **日**

日 + 寺(시)

>>> 형성문자

日 | 일

날

획수: **4** 부수: **日**

해를 본뜬 글자

>>> 상형문자

昨 | 작

어제

획수: **9** 부수: **日**

日 + 乍(작)
'乍'은 '徂(저)'와 통하여 가버리다의 뜻. 가버린 때, 어제의 뜻을 나타냄

>>> 형성문자

日課 일과

날마다 일정하게 하는 일의 과정

日沒 일몰

해가 짐

日蝕 일식

달이 태양과 지구 사이에 끼어서 일광을 가로막는 현상

日誌 일지

그날그날의 일의 기록을 적은 책

日就月將 일취월장

날로 달로 자라고 발전함

忌日 기일

사람의 죽은 날. 제삿날

昨今 작금

어제와 오늘

昨年 작년

지난해

再昨年 재작년

지지난해

국어 실력으로 이어지는 수(秀) 한자: 5-8급

晝耕夜讀 주경야독

낮에는 밭을 갈고 밤에는 글을 읽음
'바쁜 틈을 타서 어렵게 공부함'을 이름

晝夜 주야

낮과 밤

白晝 백주

대낮

晝 | 주
낮

획수: **11**　부수: **日**

日 + 畫[구획 짓다]
명암에 의해 밤과 구획
지움의 뜻

　　　>>> 회의문자

春季 춘계

봄철

春秋筆法 춘추필법

공자가 춘추(春秋)를 서술한 방법
곧, 대의명분(大義名分)을 밝혀 세우는 사필(史
筆)의 논법

思春期 사춘기

다 자라서 이성(異性)에 관심을 가지게 되는 시절

立春 입춘

이십사절기의 하나
대한(大寒)과 우수(雨水) 사이로, 2월 4일경

青春 청춘

❶ 봄
❷ '20세 안팎의 젊은 나이'의 비유

春 | 춘
봄

획수: **9**　부수: **日**

日 + 艸 + 屯(둔)
屯은 떼 지어 모이다의
뜻. 풀이 햇빛을 받아
무리지어 나는 모양에
서 '봄철'을 나타냄

　　　>>> 형성문자

186

月

달 **월**

달이 이지러진 모양을 본뜸

| 服 옷복 | 月 달월 | 有 있을 유, 또 유 | 朝 아침 조 |

Error

한자자격시험 5~8급

服 | 복

옷

획수: **8** 부수: **月**

月 + 𠬝(복)

>>> 형성문자

服務 복무

맡은 일을 봄

服用 복용

약을 먹음

服裝 복장

옷차림

服從 복종

다른 사람의 의사나 명령을 좇아 따름

着服 착복

❶ 남의 것을 부당하게 제 것으로 함
❷ 옷을 입음

Error

한자자격시험 5~8급

月 | 월

달

획수: **4** 부수: **月**

月(월)

>>> 상형문자

月刊 월간

매달 한 차례씩 인쇄물을 발행함, 또는 그 간행물

月桂冠 월계관

경기의 우승자에게 월계수 가지와 잎으로 만들어 씌워주던 관
'승리나 명예'의 비유

月蝕 월식

지구의 그림자가 달을 가림으로 인하여 달의 전부 또는 일부분이 보이지 않게 되는 현상

隔月 격월

한 달씩 거르거나 한 달을 거름

歲月 세월

지나가는 시간

한자자격시험 5~8급

有 | 유

있을, 또

획수: **6** 부수: **月**

又[손] + 月[고기]
손으로 고기를 권함의 뜻

>>> 회의문자

有口無言 유구무언

입은 있어도 할 말이 없음
'변명할 말이 없음'을 이름

有能 유능

재능이 있음

有名無實 유명무실

이름만 있을 뿐 실상이 없음

有備無患 유비무환

미리 준비함이 있으면 걱정할 것이 없음

有耶無耶 유야무야

❶ 있는 듯 없는 듯함
❷ 흐지부지한 모양

有益 유익

이익이 있음

한자자격시험 5~8급

朝 | 조

아침

획수: **12** 부수: **月**

艸 + 日

초원에 해가 뜨는 모양

>>> 회의문자

朝刊 조간

아침에 발행되는 신문

朝令暮改 조령모개

아침에 명령한 것을 저녁에 고침
'법령을 자주 고쳐서 믿을 수 없음'을 이름

朝變夕改 조변석개

아침에 변경하고 저녁에 고침
'계획, 결정 따위를 자주 바꿈'을 이름

朝三暮四 조삼모사

아침에 세 개, 저녁에 네 개
'눈앞의 이익만 알고 그 결과가 같음을 모르는
어리석음', 또는 '간사한 꾀로 남을 농락함'을
이름

朝餐 조찬

아침 식사

朝會 조회

❶ 백관이 임금을 뵙기 위해 모이던 일
❷ 학교, 관청 등에서 행하는 아침 모임

기운 **기**

氣 기운 **기**

氣 | 기

기운

획수: **10** 부수: **气**

米 + 气

>>> 형성문자

氣分 기분

마음에 저절로 느껴지는 감정

氣象 기상

비, 눈, 바람 등 대기 속에서 일어나는 현상

氣勢 기세

기운차게 내뻗는 형세

氣運 기운

형세가 어떤 방향으로 향하려는 움직임

氣候 기후

어느 지역의 평균적인 기상 상태

心氣 심기

마음으로 느끼는 기분

188

水 물 **수**　　氵 삼수변

물이 흘러가는 모양을 그린 것이다

江 강 **강**	水 물 **수**	洋 큰바다 **양**
永 길 **영**	油 기름 **유**	淸 맑을 **청**
漢 한수 **한**	海 바다 **해**	活 살 **활**, 물소리 **괄**

江 | 강
강

획수: **6**　부수: **水**

氵 + 工(공) : (→工의 전음이 음을 나타냄)

>>> 형성문자

江邊 강변

강가

江山 강산

❶ 강과 산
❷ 국토

江村 강촌

강가에 있는 마을

江湖 강호

❶ 강과 호수
❷ 조정(朝廷)에 대하여 '시골'을 이름

245

한자자격시험 5~8급

水 | 수

물

획수: **4**　부수: **水**

물이 흘러가는 모양을
그린 것이다

>>> 상형문자

水路 수로

물이 흐르는 길

水沒 수몰

물속에 잠김

水深 수심

물의 깊이

水魚之交 수어지교

물과 물고기의 관계
'서로 떨어질 수 없는 친밀한 사이'의 비유

水平 수평

평평함

水害 수해

홍수로 말미암은 재해

한자자격시험 5~8급

洋 | 양

큰바다

획수: **9**　부수: **水**

氵 + 羊(양)

>>> 형성문자

洋服 양복

서양식으로 만든 옷

洋食 양식

서양 요리

大洋 대양

아주 넓고 큰 바다

西洋 서양

동양에서 유럽과 미주(美洲)를 이르는 말

遠洋 원양

뭍에서 멀리 떨어진 바다

永劫 영겁

영원한 세월

永訣 영결

영원히 헤어짐
보통, 죽은 이와의 헤어짐을 뜻함

永久 영구

❶ 길고 오램
❷ 언제까지나

永遠 영원

언제까지고 계속하여 끝이 없음

永住 영주

일정한 곳에 오랫동안 삶, 또는 죽을 때까
지 삶

한자자격시험 5~8급

永 | 영

길

획수: **5** 부수: **水**

긴 흐름을 가진 강의
상형문자로 '길다'의 뜻
을 나타냄

>>> 상형문자

油 | 유

기름

획수: **8**   부수: **水**

氵 + 由(유)

>>> 형성문자

油價 유가

석유의 가격

油田 유전

석유가 나는 곳

油畫 유화

기름으로 갠 물감으로 그린 그림

石油 석유

지하에서 나는 천연 기름

原油 원유

정제하지 않은 석유

淸 | 청

맑을

획수: **11**   부수: **水**

氵 + 靑(청)

>>> 형성문자

淸潔 청결

맑고 깨끗함

淸廉 청렴

마음이 깨끗하고 바르며 욕심이 없음

淸純 청순

깨끗하고 순수함

淸淨 청정

맑고 깨끗함

清風明月 청풍명월

맑은 바람과 밝은 달
'결백하고 온건한 성격'을 이름

漢 | 한
한수

획수: **14** 부수: **水**

氵 + 英(간) : (→英의
전음이 음을 나타냄)

>>> 형성문자

漢文 한문

한자(漢字)로 쓴 문장

漢詩 한시

한자로 된 시

漢字 한자

중국 고유의 문자

漢族 한족

중국 본토 재래의 종족

海 | 해
바다

획수: **10** 부수: **水**

氵 + 每(매) : (→每의
전음이 음을 나타냄)

>>> 형성문자

海東 해동

'우리나라'의 이칭(異稱)

海流 해류

바닷물의 흐름

海岸 해안

육지와 바다가 닿는 곳

海洋 해양

넓은 바다

海運 해운

해상에서 배로 하는 운송

航海 항해

배를 타고 바다를 다님

한자자격시험 5~8급

活 | 활, 괄

살, 물소리

획수: **9**　부수: **水**

氵 + 舌(괄)

>>> 형성문자

活氣 활기

활발한 기운이나 원기

活動 활동

활발하게 움직임

活力 활력

살아 움직이는 힘

活用 활용

지닌 기능을 잘 살려 씀

活活 괄괄

물이 세차게 흐르는 소리

快活 쾌활

성격이 명랑하고 활발함

189

 불**화**

 연화발

無 없을무   火 불화

한자자격시험 5~8급

無 | 무

없을

획수: **12** 부수: **火**

사람이 어떤 물건을 잡
고 춤을 추는 모양을
그린 것. 뒤에 '없다'라
는 뜻으로 가차되었다

>>> 상형문자

無所不爲 무소불위

하지 못할 것이 없음

無用之物 무용지물

아무짝에도 쓸데없는 물건이나 사람

無爲徒食 무위도식

하는 일 없이 먹고 놀기만 함

無知 무지

아는 것이 없음

有無 유무

있음과 없음

火 | 화

불

획수: **4** 부수: **火**

火(화)

>>> 상형문자

火傷 화상

높은 열에 뎀, 또는 그렇게 입은 상처

火葬 화장

시체를 불사르고 남은 뼈를 모아 장사 지내는 일

放火 방화

불을 놓음. 불을 지름

鎭火 진화

불을 끔

190

白

흰 백

태양의 끝이 날카로운 모습으로, 태양이 지면에 막 솟아 나왔을 때 그 빛이 눈부시므로 '희다'라는 뜻이 되었다

白 흰 백	百 일백 백

한자자격시험 5~8급

白 | 백

흰

획수: **5** 부수: **白**

白(백)

>>> 상형문자

白骨難忘 백골난망

죽어 백골이 되어도 은혜를 잊을 수 없음

白眉 백미

흰 눈썹. '여럿 중에서 가장 뛰어난 것'을 이름

白衣 백의

❶ 흰옷
❷ 벼슬이 없는 선비

白衣從軍 백의종군

벼슬이 없이 군대를 따라 전장에 나감

獨白 독백

연극에서, 배우가 상대자 없이 혼자 하는 대사

明白 명백

뚜렷하고 환함

한자자격시험 5~8급

百 | 백

일백

획수: **6** 부수: **白**

白에 한 획을 그어 숫자 100을 표시하였다

>>> 지사문자

百穀 백곡

온갖 곡식

百發百中 백발백중

백 번 쏘아 백 번 다 맞힘
'쏘기만 하면 어김없이 맞음', 또는 '계획이나 예상 등이 다 들어맞음'을 이름

百姓 백성

일반 국민

百戰百勝 백전백승

백 번 싸워 백 번 이김
'싸울 때마다 이김'을 이름

百折不屈 백절불굴

백 번 꺾여도 굴하지 않음
'어떤 난관에도 굽히지 않음'을 이름

百尺竿頭 백척간두

아주 높은 장대의 꼭대기
'매우 위태롭고 어려운 지경'을 이름

191

雨 비 우

電 번개 전

한자자격시험 5~8급

電 | 전
번개

획수: **13** 부수: **雨**

번개를 본뜬 申에 雨를 더한 것

>>> 상형문자

電光石火 전광석화

번개와 돌이 맞부딪쳐 튀는 불꽃
'아주 빠른 동작'의 비유

電氣 전기

전자의 이동으로 생기는 에너지의 한 형태

電信 전신

전기를 이용한 통신

漏電 누전

전류가 전선 밖으로 새어 나감

停電 정전

전기 공급이 끊어짐

제12장
지형 관련 부수

192

田 밭 전

界 지경 계   男 사내 남   當 마땅할 당, 저당 당

番 차례 번   田 밭 전

한자자격시험 5~8급

界 | 경
지경

획수: **9** 부수: **田**

田 + 介(개) : (→介의
전음이 음을 나타냄)

>>> 형성문자

境界 경계

지역, 분야가 갈라지는 한계

業界 업계

같은 업종에 종사하는 사람들의 사회

學界 학계

학문의 세계
학자들의 사회

限界 한계

사물의 정하여진 범위

男 | 남

사내

획수: **7**   부수: 田

田 + 力
'밭[田]'에서 '일하다,
힘을 쓰다[力]'의 뜻

>>> 회의문자

男女 남녀

남자와 여자

男妹 남매

오누이

男兒 남아

❶ 사내아이. 아들
❷ 장부(丈夫). 사나이

男尊女卑 남존여비

남자를 존중하고 여자를 천시하는 일

得男 득남

아들을 낳음

當 | 당

마땅할, 저당

획수: **13**   부수: 田

田 + 尚(상) : (→尚의
전음이 음을 나타냄)

>>> 형성문자

當局 당국

어떤 일을 담당하여 주재함, 또는 그 기관

當選 당선

선거나 심사에서 뽑힘

當爲 당위

마땅히 그렇게 해야 함

擔當 담당

어떠한 일을 맡음

應當 응당

마땅히. 당연히

典當 전당

물품을 담보하고 돈을 꾸어 주거나 꾸어 쓰는 일

한자자격시험 5~8급

番 | 번

차례

획수: **12** 부수: **田**

짐승의 발자국의 모양. 釆는 발가락, 田은 발바닥의 모양. 차례의 의미는 음의 차용

>>> 상형문자

番地 번지

토지를 여러 조각으로 나누어 매겨 놓은 번호

不寢番 불침번

밤에 자지 않고 번을 서는 일, 또는 그 사람

輪番 윤번

차례로 번 듦, 또는 번 드는 차례

한자자격시험 5~8급

田 | 전

밭

획수: **5** 부수: **田**

田(전)

>>> 상형문자

田畓 전답

❶ 논과 밭
❷ 농토(農土)

田園 전원

❶ 논밭과 동산
❷ 시골

油田 유전

석유(石油)가 나는 곳

193

穴 구멍 **혈**

空 빌공　　　　窓 창창

空 ｜ 공

빌

획수: **8**　부수: **穴**

穴 + 工(공)

>>> 형성문자

空間 공간

아무것도 없이 비어 있는 칸

空想 공상

이루어질 수 없는 헛된 생각

空席 공석

비어 있는 직위

空中 공중

하늘과 땅 사이의 빈 곳

空虛 공허

❶ 속이 텅 빔
❷ 헛됨

架空 가공

상상으로 지어낸 일

窓口 창구

❶ 조그맣게 낸 창

  물품, 금전 따위의 출납을 담당하는 부서

❷ 외부와의 교섭을 담당하는 곳

窓門 창문

빛이나 바람이 통하도록 벽에 낸 문

同窓 동창

한 학교에서 동기(同期)로 졸업한 사람

學窓 학창

학교의 창문

'학교'를 이름

한자자격시험 5~8급

窓 | 창

창

획수: **11** 부수: **穴**

穴 + 悤(총) : (→悤의
전음이 음을 나타냄)

>>> 형성문자

다닐 **행**

잘 정리된 네거리의 상형문자

行 다닐 **행**, 항렬 **항**

한자자격시험 5~8급

行 | 행, 항

다닐, 항렬

획수: **6** 부수: **行**

行(행)

>>> 상형문자

行軍 행군

군대 또는 많은 인원이 줄을 지어 걸어감

行動擧止 행동거지

몸을 움직여서 하는 온갖 동작

行路 행로

❶ 다니는 길

❷ 살아 나가는 과정

行爲 행위

행하는 짓

步行 보행

걸어가는 일

旅行 여행

다른 고장이나 다른 나라에 가는 일

 고을 **읍**

 우부방

郡 고을 군　　部 거느릴 부　　邑 고을 읍

한자자격시험 5~8급

郡 ㅣ 군

고을

획수: **10**　부수: **邑**

阝 + 君(군)

>>> 형성문자

郡民 군민

군 안에 사는 사람들

郡守 군수

군청(郡廳)의 책임자

郡廳 군청

군의 행정을 맡은 관청

部 | 부

거느릴

획수: **11** 부수: **邑**

阝 + 音(부)

>>> 형성문자

邑 | 읍

고을

획수: **7** 부수: **邑**

口 + 巴

'巴(절)'은 앉아 쉬는 사람의 상형문자. '口(구)'는 일정한 장소의 뜻. 사람이 무리지어 쉬는 곳, 즉 '고을'의 뜻을 나타냄

>>> 회의문자

部落 부락

시골 마을

部門 부문

몇 개로 갈라놓은 그 하나하나

部分 부분

전체를 몇으로 나눈 것 중의 하나

部下 부하

남의 밑에 딸리어 그의 명령에 따라 움직이는 사람

幹部 간부

조직의 중심이 되는 지도적인 자리에 있는 사람

外部 외부

일정한 범위의 밖

邑內 읍내

❶ 읍의 구역(區域) 안
❷ 고을

都邑 도읍

서울

265

197

里 마을 **리**

里 마을리　野 들야　重 무거울 **중**, 거듭할 **중**

한자자격시험 5~8급

里 | 리

마을

획수: **7**　부수: **里**

田[밭] + 土

>>> 회의문자

洞里 동리

❶ 마을
❷ 지방 행정 구역인, 동과 리의 총칭

鄕里 향리

고향 마을

한자자격시험 5~8급

野 | 야

들

획수: **11** 부수: **里**

里 + 予(여) : (→予의
전음이 음을 나타냄)

>>> 형성문자

野黨 야당

정권을 담당하고 있지 않은 정당

野蠻 야만

문화의 정도가 낮고 미개함

野望 야망

크게 무엇을 이루려는 희망

野史 야사

민간에서 사사로이 기록한 역사

野營 야영

❶ 야외에 친 병영(兵營)
❷ 휴양 또는 훈련을 목적으로 야외에 천막을
  치고 하는 생활

分野 분야

어떤 사물을 기준에 따라 구분한 범위나 방면

重 | 중

무거울, 거듭할

획수: **9**　부수: **里**

壬 + 東(동)
'壬(임)'은 사람이 버티고 서 있는 모양, '東(동)'은 주머니에 넣은 짐의 상형문자. 사람이 짐을 짊어진 모양에서 '무겁다'의 뜻이 됨

>>> 형성문자

重農 중농

농업을 중히 여김

重量 중량

무게

重言復言 중언부언

이미 한 말을 자꾸 되풀이함

重役 중역

회사 등에서 중요한 소임을 맡은 임원

重要 중요

매우 귀중하고 종요로움

尊重 존중

귀중히 여기거나 귀중히 여기어 대함

198 언덕 **부**　 좌부방

陽 볕양

陽 | 양

볕

획수: **12**　부수: **阜**

阝 + 昜(양)

'昜'은 해가 떠오르다의
뜻. 언덕의 양지의 의미
를 나타냄

>>> 형성문자

陽刻 양각

돌을새김

陽氣 양기

양의 기운
만물(萬物)이 움직이거나 생기려는 기운

陽地 양지

볕이 바로 드는 곳

太陽 태양

해

입벌릴 **감**

出 날출

한자자격시험 5~8급

出 | 출

날

획수: **5** 부수: 凵

풀이 밑에서부터 위로 겹쳐 무성하게 뻗어 자라는 모양

>>> 상형문자

出嫁 출가

처녀가 시집을 감

出納 출납

금전, 물품을 내어 주거나 받아들임

出仕 출사

벼슬하여 관아에 나감

出生 출생

사람이 태어남

出衆 출중

뭇사람 속에서 뛰어남

特出 특출

남보다 특별히 뛰어남

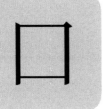

口 에울 **위**

國 나라 국　圖 그림 도　四 넉 사

한자자격시험 5~8급

國 | 국

나라

획수: **11**　부수: **口**

或[경계를 설정한 토지]이 원래 나라의 뜻이었지만 '혹'의 뜻으로 쓰이면서, 口을 더한 글자가 나라의 의미를 나타내게 되었다

>>> 회의문자

國家 국가

나라

國論 국론

나라 안의 공론(公論)

國民 국민

한 국가의 통치권(統治權) 밑에서 생활하는 사람

國賓 국빈

국가의 귀한 손님으로 우대를 받는 사람

國史 국사

❶ 한 나라의 역사
❷ 우리나라의 역사

愛國 애국

나라를 사랑함

圖 | 도

그림

획수: **14** 부수: **囗**

囗[나라] + 啚[시골(비)]
나라 전체의 지도를 뜻
함

>>> 회의문자

圖謀 도모

앞으로 할 일에 대하여 수단과 방법을 꾀함

圖書 도서

❶ 서적
❷ '서적, 글씨, 그림'의 총칭

圖表 도표

그림으로 나타낸 표

構圖 구도

조화 있게 배치하는 그림의 짜임새

企圖 기도

어떤 일을 이루려고 계획을 세우거나 그것의
실현을 꾀함

意圖 의도

무엇을 이루려는 생각이나 계획

四 | 사

넉

획수: **5** 부수: **囗**

四(사)

>>> 지사문자

四顧無親 사고무친

사방을 둘러보아도 친한 사람이 없음
'믿고 의지할 사람이 없음'을 이름

四面楚歌 사면초가

사방에서 초나라 노래가 들려옴
'사방이 적으로 둘러싸인 형세', 또는 '아무 도
움도 받을 수 없는 상태'를 이름

四分五裂 사분오열

❶ 여러 갈래로 갈기갈기 찢어짐
❷ 뿔뿔이 갈라져 질서가 없어짐

四書 사서

유교의 경전인 '대학(大學), 중용(中庸), 논어(論語), 맹자(孟子)'의 총칭

四肢 사지

❶ 짐승의 네 다리
❷ 사람의 팔다리

四海 사해

❶ 사방의 바다
❷ 천하. 온 세상

지축거릴 **척**

後 뒤후

한자자격시험 5~8급

後 | 후

뒤

획수: **9**　부수: 彳

彳 + 幺[어림] + 夊[발을 끌고 걸음]
어린 사람처럼 좀 떨어져서 걸음의 뜻

>>> 회의문자

後輩 후배

나이, 지위, 경력 따위가 아래인 사람

後援 후원

뒤에서 도와줌

後進 후진

❶ 후배(後輩)
❷ 문물의 발달이 뒤떨어짐
❸ 후퇴(後退)

後退 후퇴

뒤로 물러남

落後 낙후

뒤떨어짐

最後 최후

가장 뒤. 맨 끝

쉬엄쉬엄 갈 **착**

 책받침

近 가까울 근　　道 길 도, 말할 도　　速 빠를 속
運 옮길 운　　遠 멀 원　　通 통할 통

한자자격시험 5~8급

近 | 근

가까울

획수: **8**　부수: **辵**

辶 + 斤(근)

>>> 형성문자

近刊 근간

최근에 출판된 간행물이나 곧 출판될 간행물

近郊 근교

도시에 가까운 지역

近墨者黑 근묵자흑

먹을 가까이하면 검어짐
'악한 사람을 가까이하면 악에 물들기 쉬움'을
이름

近處 근처

가까운 곳

近況 근황

요사이의 형편

側近 측근

❶ 곁의 가까운 곳
❷ 가까운 관계에 있는 사람

道德 도덕

사람으로서 마땅히 지켜야 할 도리 및 그에 준한 행동

道路 도로

사람이나 차량(車輛)이 다니는 길

道理 도리

사람이 마땅히 지켜야 할 바른 길

道義 도의

❶ 사람이 마땅히 행하여야 할 도리
❷ 도덕과 의리

步道 보도

사람이 걸어 다니는 길

한자자격시험 5~8급

道 | 도

길, 말할

획수: **13** 부수: **辵**

辶 + 首[사람의 뜻]
사람이 가는 곳의 의미

>>> 회의문자

速 | 속

빠를

획수: **11** 부수: **辵**

辶 + 束(속)

>>> 형성문자

速斷 속단

성급하게 판단함

速讀 속독

빨리 읽음

速報 속보

신속한 보도

速成 속성

빨리 이루어짐

速戰速決 속전속결

싸움을 오래 끌지 않고 빨리 끝냄

急速 급속

몹시 빠르거나 급함

運 | 운

옮길

획수: **13** 부수: **辵**

辶 + 軍(군) : (→軍의 전음이 음을 나타냄)

>>> 형성문자

運命 운명

인간을 둘러싼 선악, 길흉, 화복 등이 초인간 적인 힘에 의해 지배된다고 믿는 섭리(攝理)

運搬 운반

물건을 옮겨 나르는 일

運身 운신

몸을 움직임

運河 운하

배가 다닐 수 있도록 인공으로 판 수로(水路)

幸運 행운

좋은 운수

한자자격시험 5~8급

遠 | 원

멀

획수: **14** 부수: **辵**

辶 + 袁(원)

>>> 형성문자

遠大 원대

뜻이 깊고 큼

遠征 원정

❶ 멀리 적을 치러 감
❷ 먼 곳으로 경기, 조사 따위를 하러 감

疎遠 소원

❶ 친분이 가깝지 못하고 멂
❷ 소식이나 왕래가 오래 끊긴 상태에 있음

深遠 심원

내용이 깊고 원대함

永遠 영원

언제까지고 끝이 없음, 또는 끝없는 세월

한자자격시험 5~8급

通 | 통

통할

획수: **11** 부수: **辵**

辶 + 甬(용)

>>> 형성문자

通過 통과

❶ 통하여 지나감

❷ 제출한 의안이 가결됨

通達 통달

환히 앎

通商 통상

외국과 통교(通交)를 하여 서로 상거래(商去來)를 함

通譯 통역

서로 통하지 않는 양쪽의 말을 번역하여 그 뜻을 전함

通風 통풍

바람을 통하게 함

貫通 관통

이쪽에서 저쪽 끝까지 꿰뚫음

제13장
숫자와
필획 관련 부수

207

한 **일**

가로획 하나로 '하나'의 뜻을 나타냄

不	아닐 불, 부	三	석 삼	上	위 상, 오를 상
世	대 세	一	한 일	七	일곱 칠
下	아래 하				

한자자격시험 5~8급

不 | 불, 부

아닐

획수: **4** 부수: **一**

새가 하늘을 향하여 올
라가는 모양

>>> 지사문자

不可 불가

❶ 옳지 않음
❷ 할 수 없음

不可分 불가분

나눌 수 없음

不可思議 불가사의

사람의 생각으로는 헤아려 알 수 없음

不可抗力 불가항력

사람의 힘으로는 어찌할 수 없는 힘이나 사태

국어 실력으로 이어지는 수(秀) 한자: 5-8급

不立文字　불립문자

문자로서 세우지 않음
'불도(佛道)는 문자나 말로 전해지는 것이 아니라 마음으로 전해짐'을 이름

不問可知　불문가지

묻지 않아도 알 수 있음

不世出　불세출

세상에 다시없을 만큼 뛰어남

不夜城　불야성

'밤이 낮같이 밝은 곳'의 비유

不撓不屈　불요불굴

한번 먹은 마음이 흔들리거나 굽힘이 없음

不惑　불혹

나이 '40세'를 이름

不當　부당

정당(正當)하지 않음

不知不識間　부지불식간

알지도 깨닫지도 못하는 사이, 또는 자기도 모르는 사이

不振　부진

세력, 성적 따위가 움츠러들거나 떨어져 활발하지 못함

三 | 삼

석

획수: **3**   부수: **一**

一을 셋 포개어 3을 나타냄

>>> 지사문자

三顧草廬 삼고초려

세 번 초가집을 방문함
'인재를 맞아들이기 위해 몸소 여러 번 찾아가서 예를 다하는 일'을 이름

三權 삼권

세 가지 권력
'입법권, 사법권, 행정권'을 이름

三昧境 삼매경

어떤 일에 열중하여 다른 생각이 없음

三伏 삼복

❶ '초복(初伏), 중복(中伏), 말복(末伏)'의 총칭
❷ 여름철의 가장 더운 기간

三三五五 삼삼오오

여기저기 무리를 지은 서넛 또는 대여섯 사람

三寒四溫 삼한사온

사흘 동안은 춥고 나흘 동안은 따뜻함

再三 재삼

거듭

上 | 상

上 | 상

위, 오를

획수: **3** 부수: **一**

횡선을 그어 그 위에 표지를 하여 위쪽을 나타냄

>>> 지사문자

上古 상고

아주 오랜 옛날

上疏 상소

임금에게 글을 올림, 또는 그 글

上旬 상순

매월 1일부터 10일까지의 동안

上昇 상승

위로 올라감

上下 상하

❶ 위와 아래
❷ 윗사람과 아랫사람

浮上 부상

물 위로 떠오름

世 | 세

대

획수: **5** 부수: **一**

본래 '十'을 세 개 합쳐서 '30, 30년, 오랜 시간'의 뜻을 나타내며, 전하여 '세상'의 뜻도 나타냄

>>> 회의문자

世紀 세기

서력(西曆)에서 100년을 단위로 세는 시대 구분

世代 세대

❶ 약 30년을 한 구분으로 하는 연령층, 또는 그런 사람들의 총체
❷ 어버이, 자식, 손자로 이어지는 대

世子 세자

왕의 자리를 이을 왕자

世態 세태

세상의 형편이나 상태

末世 말세

정치, 도의 따위가 어지러워지고 쇠퇴하여 가
는 세상

處世 처세

남들과 어울리면서 살아가는 일

一 | 일

한

획수: **1** 부수: 一

가로획 하나로 '하나'의
뜻을 나타냄

>>> 지사문자

一家 일가

❶ 한집안, 한 가족
❷ 동성동본(同姓同本)의 겨레붙이

一刻 일각

❶ 매우 짧은 동안
❷ 한 시(時)의 첫째 각(刻)
　곧, 15분

一擧手一投足 일거수일투족

한 번 손을 드는 일과 한 번 발을 옮겨 놓는 일
'사소한 동작이나 행동'을 이름

一擧兩得 일거양득

한 가지 일을 하여 두 가지의 이득을 봄

一貫 일관

하나의 방법이나 태도로써 한결같이 함

一刀兩斷 일도양단

한칼로 쳐서 둘로 나눔
'머뭇거리지 않고 선뜻 결정함'을 이름

一等 일등

첫째. 첫째 등급(等級)

一網打盡 일망타진

한 번 그물을 쳐서 다 잡음
'한꺼번에 모조리 잡음'을 이름

一掃 일소

모조리 다 쓸어버림

一日三省 일일삼성

하루에 세 가지 일로 자신을 살핌
'끊임없이 자신을 성찰함'의 뜻

一波萬波 일파만파

처음에는 대수롭지 않던 일이 걷잡을 수 없이
복잡해짐

一片丹心 일편단심

한 조각의 붉은 마음
'오로지 한 곳으로 향한 정성 어린 마음'을 이름

一攫千金 일확천금

단번에 천금을 움켜쥠
'힘들이지 않고 많고 재물을 얻음'을 이름

唯一 유일

오직 그 하나밖에 없음

七 | 칠

일곱

획수: **2** 부수: **一**

十의 끝 획을 구부려서
나타낸 것

>>> 지사문자

七顚八起 칠전팔기

일곱 번 넘어지고 여덟 번 일어남
'여러 번의 실패(失敗)에도 굽히지 않고 다시 일
어남'을 이름

七顚八倒 칠전팔도

일곱 번 넘어지고 여덟 번 거꾸러짐
'어려운 고비를 많이 겪음'을 이름

下 | 하

아래

획수: **3** 부수: **一**

일정한 위치를 나타내
는 가로획보다 아래임
을 뜻함

>>> 지사문자

下降 하강

높은 데서 낮은 데로 내려옴

下落 하락

물가 등이 떨어짐

下馬評 하마평

관리의 이동, 임명에 관한 세간(世間)의 풍설
(風說)이나 물망(物望)

下旬 하순

매월 21일부터 말일까지의 동안

下學上達 학상달

아래 것부터 배워서 위에 이름
'쉬운 것부터 배워 깊은 이치를 깨달음'을 이름

落下 낙하

높은 곳에서 아래로 떨어져 내림

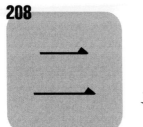

208

二 두 이

가로획 둘로 '2'를 나타냈다

五 다섯 오   二 두 이

한자자격시험 5~8급

五 | 오

다섯

획수: **4** 부수: **二**

'二'는 천지(天地), '乂'
는 교차를 나타내어 천
지간에 번갈아 작용하
는 다섯 원소의 뜻

>>> 지사문자

五感 오감

시각(視覺), 청각(聽覺), 후각(嗅覺), 미각(味覺),
촉각(觸覺)의 다섯 감각

五穀 오곡

❶ 쌀, 보리, 조, 콩, 기장의 다섯 가지 곡식
❷ '곡식'의 총칭

五里霧中 오리무중

5리에 걸쳐 긴 안개 속에 있음. '어디에 있는지
찾을 길이 막연하거나, 갈피를 잡을 수 없는
상태'를 이름

五行 오행

동양 철학에서 일컫는 만물을 생성, 변화시키
는 다섯 원소
곧, 금(金), 목(木), 수(水), 화(火), 토(土)

국어 실력으로 이어지는 수(秀) 한자: 5-8급

二 | 이

두

획수: **2** 부수: **二**

二(이)

>>> 지사문자

二毛作 이모작

한 논밭에서 한 해에 두 가지 작물(作物)을 심어 수확하는 일

二律背反 이율배반

서로 모순, 대립되는 두 명제(命題)가 동등한 타당성을 가지고 주장되는 일

二重 이중

❶ 겹침

❷ 거듭함

唯一無二 유일무이

오직 하나뿐이고 둘은 없음

여덟 **팔**

나누어 갈라진 모양을 본떠서, '나누다'의 뜻을 나타낸다. 뒤에 가차하여 '8'의 뜻이 되었다

共 함께 공	六 여섯 륙	八 여덟 팔

한자자격시험 5~8급

共 | 공
함께
획수: **6** 부수: **八**

廾 + 廿
두 손[廾]으로 물건[廿]을 받들고 있는 모습

>>> 회의문자

共感 공감

남의 생각, 의견, 감정 등에 대하여 자기도 그러하다고 느낌 또는 그런 감정

共同 공동

여럿이 함께 같이함

共犯 공범

몇 사람이 함께 저지른 범죄, 또는 그 범인

共有 공유

공동으로 소유함

共存 공존

함께 존재함

共通 공통

여럿 사이에 두루 통용되거나 관계됨

국어 실력으로 이어지는 수(秀) 한자: 5-8급

六 | 륙

여섯

획수: **4** 부수: **八**

집의 모양을 본뜸. 전하여 '여섯'의 뜻으로 쓰임

>>> 상형문자

六法 육법

여섯 가지의 기분 법률

헌법, 형법, 민법, 상법, 형사 소송법, 민사 소송법

六腑 육부

'대장, 소장, 위, 담, 방광, 삼초(三焦)'의 총칭

六藝 육예

선비들이 배워야 할 여섯 가지 기예(技藝)

예(禮), 악(樂), 사(射), 어(御), 서(書), 수(數)

八 | 팔

여덟

획수: **2** 부수: **八**

八(팔)

>>> 지사문자

八等身 팔등신

신장이 머리 길이의 여덟 배가 되는 몸, 또는 그러한 사람

흔히, 미인의 표준으로 삼음

八方美人 팔방미인

❶ 어느 모로 보나 아름다운 사람
❷ 여러 방면에 두루 뛰어난 사람

八字 팔자

사람이 출생한 연월일시(年月日時)의 간지(干支) 여덟 글자

'사람의 한평생의 운수(運數)'를 이름

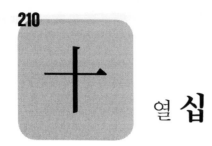

210

十 열**십**

南 남녘 **남**　　半 반 **반**　　十 열 **십**
午 낮 **오**　　千 일천 **천**

한자자격시험 5~8급

南 | 남
남녘
획수: **9**　부수: **十**

본래 질그릇으로 만든 악기를 그린 것이었으나, 가차하여 남쪽방향의 뜻이 되었다

>>> 상형문자

南柯一夢 남가일몽

남쪽 가지 아래에서의 한바탕 꿈
'덧없는 꿈', 또는 '한때의 헛된 부귀영화'를 이름

南男北女 남남북녀

우리나라에서 남자는 남쪽 지방에, 여자는 북쪽 지방에 잘난 사람이 많다고 예로부터 일러 오는 말

南道 남도

경기도 이남 지방

南蠻 남만

남쪽 오랑캐
지난날, 중국 남쪽에 살던 이민족(異民族)을 이르던 말

한자자격시험 5~8급

半 | 반

반

획수: **5** 부수: **十**

八 + 牛[소]

소를 둘로 가른다는 뜻. 전하여 나눈 반쪽을 의미함

>>> 회의문자

半減 반감

절반으로 줆, 또는 줄임

半島 반도

삼면(三面)이 바다로 둘러싸인 육지

半信半疑 반신반의

반은 믿고 반은 의심함

半身不隨 반신불수

몸의 절반이 마비되는 일

折半 절반

하나를 반으로 가른 그 하나

殆半 태반

거의 절반

한자자격시험 5~8급

十 | 십

열

획수: **2** 부수: **十**

十(십)

>>> 상형문자

十年減壽 십년감수

목숨이 10년이나 줄어듦
몹시 놀랐거나 위험한 고비를 겪었을 때 이르는 말

十年知己 십년지기

10년 동안 사귄, 자기를 알아주는 친구
'오랫동안 사귄 친한 친구'를 이름

十匙一飯 십시일반

열 사람의 한 술 밥이 한 그릇의 밥이 됨
'여럿이 힘을 합하면 한 사람쯤 도와주기는 쉬
움'을 이름

十人十色 십인십색

열 사람이 있으면 열 가지 특색이 있음
'생각, 취향이 사람마다 다름'을 이름

十中八九 십중팔구

열이면 여덟이나 아홉이 그러함

한자자격시험 5~8급

午 | 오

낮

획수: **4** 부수: **十**

절구공이 모양을 본뜸

>>> 상형문자

午時 오시

십이시의 일곱째 시
곧, 상오 11시 ~ 하오 1시

午餐 오찬

점심

正午 정오

낮 12시

국어 실력으로 이어지는 수(秀) 한자: 5-8급

千 ㅣ 천

일천

획수: **3** 부수: **十**

十 + 一

많은 사람의 뜻

>>> 회의문자

千里眼 천리안

천 리 밖의 것을 볼 수 있는 안력(眼力)
'먼 데서 일어난 일을 알아 맞히는 능력'을
이름

千辛萬苦 천신만고

온갖 애를 쓰고 고생을 함

千載一遇 천재일우

천 년에 한 번 만남
'좀처럼 만나기 어려운 좋은 기회'를 이름

千差萬別 천차만별

여러 가지 사물이 모두 차이와 구별이 있음

千秋 천추

오래고 긴 세월

千態萬象 천태만상

천 가지 모양과 만 가지 형상
'사물이 제각기 다른 모습을 하고 있음'을 이름

千篇一律 천편일률

많은 시문(詩文)의 내용과 구성이 한결같음
'사물이 판에 박은 듯이 모두 비슷비슷함'을
이름

뚫을 **곤**

中 가운데 **중**, 맞을 **중**

한자자격시험 5~8급

中 | 중

가운데, 맞을

획수: **4** 부수: **丨**

사물의 한가운데를 상하로 통하는 세로금으로, 중심, 중앙을 뜻함

>>> 지사문자

中間 중간

❶ 두 사물이나 현상의 사이
❷ 한가운데

中斷 중단

중도에서 끊거나 끊어짐

中立 중립

대립되는 두 편 사이에서 어느 쪽에도 치우치지 않는 중간적인 자리에 섬

中心 중심

한가운데

中央 중앙

❶ 사방의 중심이 되는 곳
❷ 서울

胸中 흉중

❶ 가슴속
❷ 마음에 두고 있는 생각

불똥 주

主 주인 주

한자자격시험 5~8급

主 | 주

주인

획수: **5** 부수: 丶

본래 촛대 위의 불꽃을 그린 것. 뒤에 '주인'이 라는 뜻으로 가차됨

>>> 상형문자

主觀 주관

자기만의 생각

主流 주류

원줄기가 되는 큰 흐름

主上 주상

신하가 '자기의 임금'을 이르는 말

主人 주인

❶ 한 집안을 꾸려 나가는 주되는 사람
❷ 물건의 임자

主從 주종

❶ 주인과 종자(從者)
❷ 주되는 사물과 그에 딸린 사물

主體 주체

사물의 중심이 되는 부분

갈고리 **궐**

事 일사

事 | 사
일

획수: **8** 부수: **亅**

신(神)에 대한 기원(祈願)의 말을 써서 나뭇가지 따위에 맨 팻말을 본뜸. 제사(祭祀)에 종사하는 사람의 모양에서 '일', '섬기다'의 뜻을 나타냄

>>> 상형문자

事件 사건
문제가 되거나 관심을 끌 만한 일

事君以忠 사군이충
세속오계(世俗五戒)의 하나로, '충성으로써 임금을 섬겨야 함'을 이름

事例 사례
일의 전례나 실례

事理 사리
사물의 이치

事情 사정
일의 형편이나 까닭

事親以孝 사친이효
세속오계(世俗五戒)의 하나로, '효도로서 어버이를 섬겨야 함'을 이름

事態 사태

일의 되어 가는 형편

事必歸正 사필귀정

모든 일은 반드시 바른길로 돌아옴